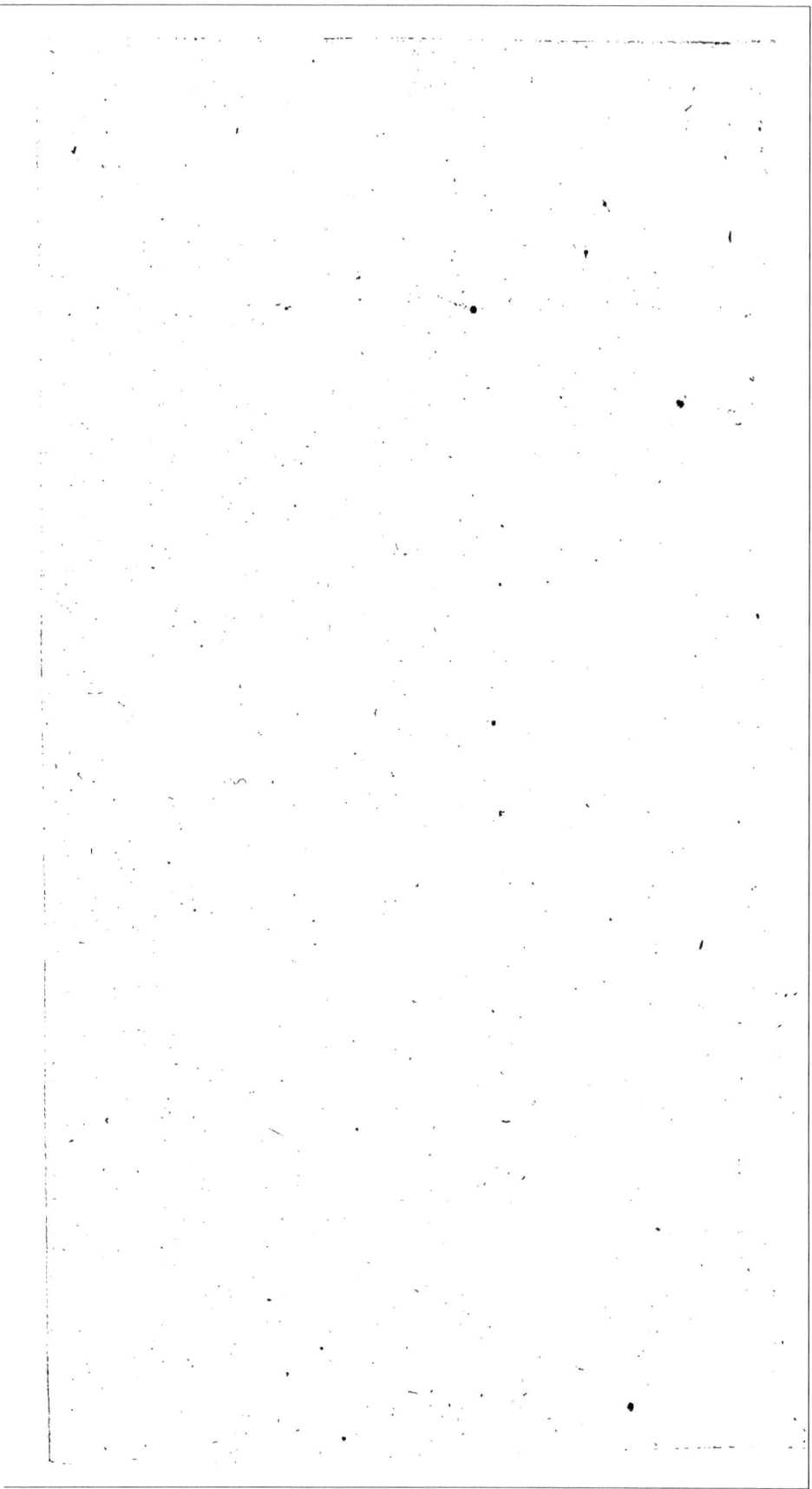

Conserver la Couverture

LE

DROIT DE FAMILLE

AUX PYRÉNÉES

BARÈGE. — LAVEDAN. — BÉARN ET PAYS BASQUE.

PAR

M. EUGÈNE CORDIER.

(Extrait de la *Revue historique de droit français et étranger*,
numéros de juillet-août, septembre-octobre, novembre-décembre 1859.)

PARIS

AUGUSTE DURAND, LIBRAIRE, RUE DES GRÈS, 7.

1859

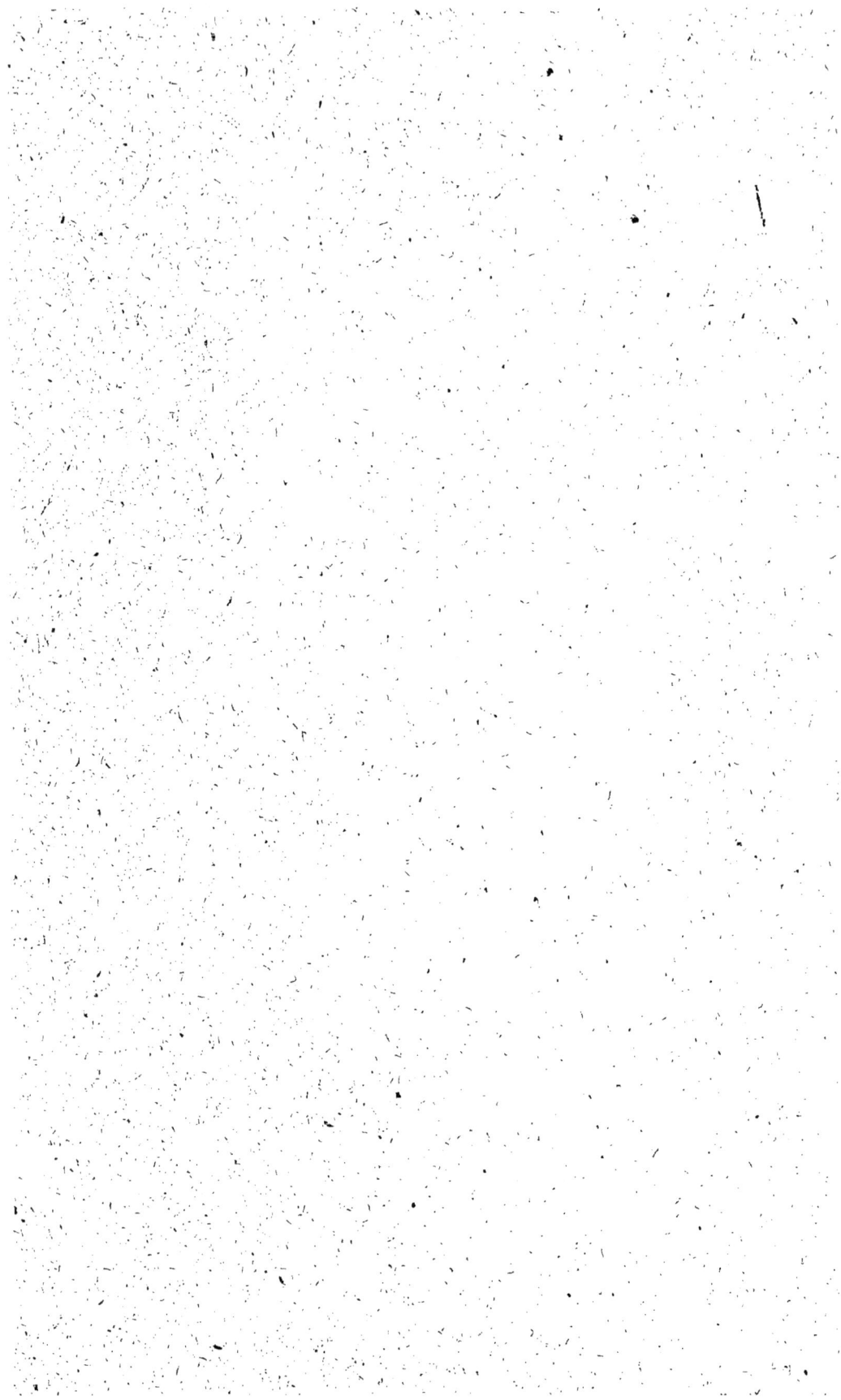

LE

DROIT DE FAMILLE AUX PYRÉNÉES.

(Extrait de la *Revue historique de droit français et étranger*,
numéro de juillet-août.)

TYPOGRAPHIE HENNUYER, RUE DU BOULEVARD, 7. BATIGNOLLES.
Boulevard extérieur de.Paris.

LE

DROIT DE FAMILLE

AUX PYRÉNÉES

BARÈGE. — LAVEDAN. — BÉARN ET PAYS BASQUE

PAR

M. EUGÈNE CORDIER.

PARIS

AUGUSTE DURAND, LIBRAIRE, RUE DES GRÈS, 7.

—

1859

LE DROIT DE FAMILLE AUX PYRÉNÉES.

BARÈGE. — LAVEDAN. — BÉARN ET PAYS BASQUE.

CHAPITRE Ier. — INTRODUCTION.

Les peuples des Pyrénées devant l'histoire. — Leur droit politique et social. — Constitution de la vallée de Barège.

L'histoire n'est plus, de nos jours, le stérile panégyrique des grands, une admiration du pouvoir, un éloge du succès quand même. Elle connaît mieux ses devoirs. Elle sait qu'avant tout il faut qu'elle soit juste et que, pour conserver la justice, elle doit se préserver de tout éblouissement.

Chaque fois qu'en regardant les nations elle voit la force qui se met au service du droit, elle l'approuve hautement; chaque fois qu'elle s'en écarte, quels que soient ses prétextes, quels que soient ses triomphes, elle l'appelle de son vrai nom, *violence*, et elle la maudit. Mais elle réserve son encens légitime et souverainement précieux au droit qui lutte, soit qu'il l'emporte, soit qu'il succombe; car, au nom de l'éternelle morale, elle se préoccupe moins des destinées d'une cause que de la cause elle-même.

En vertu de ces principes, l'histoire a prononcé sur les peuples des Pyrénées. Elle a étudié leur passé, elle les honore.

La vie séculaire de ces peuples est, en effet, une longue et ferme protestation des droits de l'homme et des nations contre tout arbitraire, contre tout despotisme; protestation qui n'est pas seulement en paroles, mais qui se traduit par des actes énergiques, persévérants, multipliés. Ces actes n'ont pas tous abouti; le succès même a été loin de répondre à l'effort. Mais le bonheur peut manquer au courage, sans lui ôter sa véritable gloire.

De tout temps historique, l'esprit des Pyrénées a été celui de l'indépendance. C'est l'esprit des Vascons, mourant, après Sertorius, en combattant Rome, dans une cause désormais perdue. C'est celui des Cantabres, aimant mieux se précipiter du haut de leurs rochers que de subir la servitude ordonnée par Auguste. C'est l'esprit qui arma les pâtres des Pyrénées contre les premiers barbares, Alains, Suèves, Vandales, qui demandèrent alors l'Espagne à la trahison des officiers de l'empire, et qui l'obtinrent. Mais ils ne parvinrent point à subjuguer les Basques. Les **Visigoths**, qui leur succèdent, dans une domination puissante et plus durable, n'y réussissent pas davantage. Et quand les Francs arrivent par le nord, les Arabes par le sud, flots d'hommes qui battent avec furie chaque pente des Pyrénées, les Francs ne s'établissent point dans la vieille Aquitaine, grâce aux Vascons qui les repoussent; les Arabes, souverains maîtres en Espagne, trouvent dans la nation basque leur forte et longtemps unique barrière et leur premier péril[1].

Cependant, parmi ces grandes guerres, ces luttes immenses, incessantes, renouvelées chaque jour, on dut prendre des chefs, s'organiser assez militairement, s'accommoder au temps. On ne sacrifia point les libertés intérieures. On eut des précautions. On fit des conditions au pouvoir. Il y eut des monarchies temporaires puis durables, électives puis héréditaires, mais toujours limitées dans leurs attributions; des gouvernements constitutionnels de royaumes, duchés, seigneuries, comtés et vicomtés. Le pouvoir féodal fut partout, mais amoindri dans son action, allégé dans son poids et souvent plus nominal que réel. On peut affirmer sans crainte que la Biscaye espagnole, le pays basque français, et quelques hautes vallées de nos Pyrénées lui échappèrent sans cesse, dans ce qui est essentiel.

Ces lieux, privilégiés pour lors, dans le commun malheur du monde, restèrent pour ainsi dire en république sous des chefs. Le petit État d'Andorre, subsistant de nos jours, est un vestige de cette autonomie. Elle était un peu moindre, et pourtant grande encore, dans les Quatre-Vallées, dans la vallée de Barège, dans les six du Lavedan, dans celles d'Ossau, d'Aspe, de Barretous. Les populations de ces vallées, bien qu'attirées chaque jour avec plus de rigueur dans le sein de l'État béarnais ou de la grande monarchie française, se souvenaient hautement de plus d'indépendance. C'est ainsi que les habitants d'Aspe, en procès avec

---

[1] Fauriel, *Histoire de la Gaule méridionale sous la domination des conquérants germains.*

François Phœbus, comte de Foix, de Bigorre et seigneur de Béarn, au sujet de la propriété de leurs montagnes, allèguent : que la vallée d'Aspe était avant le seigneur, et que le seigneur n'a que ce qu'ils lui ont donné[1] (1479). La même déclaration a plus de valeur encore sous Louis XIV. Aux prétentions d'un fermier général insolent et rapace, ces montagnards opposent avec noblesse : qu'anciennement la vallée d'Aspe, frontière d'Espagne, était une république, indépendante de toute souveraineté, se conduisant par ses lois et coutumes; qu'elle se donna volontairement au seigneur souverain de Béarn, qui promit de la laisser dans ses coutumes et libertés[2].

Laisser dans les coutumes, tenir en fors et priviléges, de telles promesses étaient d'usage, se faisaient sous serment d'un bout de la chaîne des Pyrénées à l'autre. D'orient en occident, sur cent lieues de parcours, c'était le même droit public, juste, honnête, conforme à la destination respective des peuples et de leurs souverains. Car le premier devoir des souverains est de protéger leurs sujets, et de les sauvegarder dans leurs droits légitimes. Tout prince jurait alors. Le peuple jurait après. Mais si le prince manquait à son serment, le peuple était délié du sien. C'est ainsi qu'on l'entendait en Navarre. Le roi le savait bien, lorsqu'il promettait à son sacre : « de maintenir ses subiects en leurs franchises et priuileges, sans en retrancher aucun, les augmentant et non diminuant, en tout ou en partie[3]. » — « Voulons d'auantage et nous plaist que si en quelque article que nous avons iuré, nous venions à desroger et contreuenir de guet à pensée, ou autrement en quelque sorte et maniere que ce soit, que vous Estats et Peuples de nostre dict royaume ne soyez tenus nous obeir. »

Chez les Aragonais, c'était un droit écrit dans la constitution,

---

[1] *Lous priviledges, franquesses, et libertats donnats et autreiats aux vesins, manans et habitans de la montaigne et val d'aspe, per lous seignours de Bearn...* Pau, MDCXCIV, p. 20. Ouvrage communiqué par M. Manescaut, qui met libéralement sa riche bibliothèque à la disposition de tous les hommes studieux.

[2] *Déclaration générale, par-devant le parlement de Navarre, des biens, droits et priviléges des habitans de la vallée d'Aspe, par le syndic de la vallée,* 1692. art. 2, *ibid.*

[3] Favyn, 1612; grande édition de la bibliothèque Manescaut, p. 609 et suiv.

le droit d'union, de s'assembler, de prendre les armes et de changer la personne du souverain, lorsque les lois étaient violées.
Ce n'était pas une lettre morte, on usait de ce droit[1]. En pareille
circonstance, les Béarnais ne se faisaient nul scrupule de mettre
à mort les oppresseurs. C'était pour eux un pieux devoir de les
sacrifier à la loi qu'ils violaient. Leur histoire nous offre l'illustre
exemple de l'exécution capitale de deux de leurs vicomtes, traî-
tres à la loi et au pays.

« Ce sont ici les fors de Béarn : en lesquels est fait mention
qu'anciennement, en Béarn, il n'y avait pas de seigneur. En ce
temps-là, les Béarnais ouïrent vanter un chevalier de Bigorre,
et ils allèrent le quérir, et ils le firent seigneur pendant un an.
Mais après, comme il ne voulut pas les tenir en fors et en coutumes, la cour de Béarn s'assembla alors à Pau, et le requit de
les tenir en fors et en coutumes, et il ne le voulut faire, et alors
ils l'occirent en la cour.

« Après, on leur vanta un prud'homme chevalier en Auver-
gne; et ils allèrent le quérir et le firent seigneur deux ans; et
après, il se montra trop orgueilleux et ne voulut les tenir en fors
ni en coutumes; et la cour alors le fit occire au bout du pont de
Saranh par un écuyer, lequel le férit d'un tel coup de l'épieu
qu'il lui sortit par le dos; et ce seigneur avait nom Sentonge[2]. »

Je n'ai rien à ajouter à un pareil récit. Inscrit en tête des fors,
il était la leçon des vicomtes de Béarn.

Les Basques ne se montraient pas moins jaloux de leurs libertés. L'article fondamental de la constitution, en Guipuzcoa, était
ainsi conçu, d'après M. de Belzunce : « Nous ordonnons que
si quelqu'un, soit national, soit étranger, vouloit contraindre
quelque homme, femme, peuplade, bourg ou ville du Guipuzcoa
à quoi que ce soit, en vertu de quelque mandat de notre seigneur le roi de Castille qui n'auroit point été agréé et approuvé
par l'assemblée générale, ou qui seroit attentatoire à nos droits,
privilèges, fors et libertés, il lui soit incontinent désobéi. S'il
persiste, qu'il soit mis à mort[3]. »

Cet article dut être invoqué, notamment sous Henri III de
Castille, vers 1392. Il s'agissait alors d'un impôt illégal, dont ce

---

[1] *Tableau de la littérature au moyen âge*, 24e leçon. Villemain.
[2] Fors de Béarn.
[3] Belzunce, *Histoire des Basques*, t. II, p. 137.

roi menaçait la province. Les députés s'assemblent, ils décrètent : « que tout collecteur de Castille qui mettrait le pied sur le territoire de la république serait pris au corps et amené devant l'assemblée générale, pour y être jugé et condamné à mort; que, si le roi passait outre par voie de saisie des marchandises expédiées par les Guipuzcoans aux provinces voisines,

« L'assemblée générale se réunirait immédiatement à Uzar-raga, où il serait ordonné du rétablissement et de la restitution des objets saisis ;

« Qu'à cet effet tous les Guipuzcoans, depuis l'âge de seize ans jusqu'à soixante, prendraient les armes;

« Qu'une étroite amitié et fraternité serait jurée entre les villes et communautés du Guipuzcoa, comme au temps du roi Jean : et que chacun sacrifierait tous ses biens et sa vie pour maintenir le pays en droit et justice [1]. »

A vrai dire, les Basques sont, de tous les peuples des Pyrénées, ceux qui conservèrent le mieux et le plus longtemps leur indépendance ; ceux qui, appelés enfin à prendre des souverains étrangers, opposèrent aux empiétements de leur pouvoir les plus fortes barrières. Ils se donnaient alors, ils ne se livraient point. Les Alavains stipulent des rois de Castille, par un traité juré, que le seigneur ne pourra regarder le pays d'Alava comme sa propriété; qu'il ne pourra exiger aucune espèce d'impôt; qu'il ne pourra acheter ou bâtir ni ville, ni village, ni forteresse, ni palais, dans le territoire de la république [2].

Une disposition du même genre se trouve dans le for de Biscaye, réformé pourtant et rédigé sous Charles-Quint : aucune ville ne peut être construite en Biscaye par le roi, s'il n'est dans la junte et avec le consentement de tous les habitants [3]. Le même for règle que les emplois militaires ne pourront être donnés qu'aux indigènes. Le roi de Navarre jurait « de n'admettre les étrangers aux charges et offices du royaume [4]. » Ces exclusions avaient pour but de protéger les nationalités.

En général, les peuples des Pyrénées étant régis par des con-

---

[1] Belzunce, *Histoire des Basques*, t. II, p. 284 et suiv.

[2] *Ibid.*, p. 483.

[3] *El fuero, privilegios, franquezas, y libertades de los cavalleros hijos dalgo del Señorio de Viscaya... en Bilbao*; 1643 (de la bibliothèque Manescaut).

[4] Favyn, p. 609 et suiv.

stitutions, le prince n'avait pas chez eux cette latitude d'action qui favorise tous les excès. Il était lié, quant aux impôts, par la volonté des états. Il devait leur soumettre et la paix et la guerre. Si les états de Béarn n'approuvaient point la guerre, le vicomte faisait comme il pouvait, mais la milice ne marchait point[1]. Le comte de Bigorre ne pouvait exercer le droit d'ost ou d'armée que dans certains cas pressants et déterminés par la charte constitutionnelle. « Que ceux des vallées, dit cette charte, suivent le comte en expédition *légitime* (1097)[2]. »

En garde contre les caprices et les folies de l'ambition, on ne l'était pas moins contre la mauvaise foi. Le roi de Navarre jurait « de n'affoiblir la monnoye. » Le vicomte de Béarn prenait le même engagement. Les états surveillaient. On sait, par l'exemple des rois de France, si c'était là une précaution utile. C'est à des précautions de cette nature contre tout arbitraire, que les habitants des Pyrénées, notamment ceux du Béarn, durent la somme de bonheur relatif dont ils ont joui à travers et après le moyen âge. Il y avait loin, je le sais, de l'état politique de ces peuples à celui que nous présentent ou l'Angleterre, ou la Belgique, ou le Piémont de nos jours. Il y avait loin de leurs libertés, ou, pour me servir d'une expression du temps, qui semble impliquer la servitude en principe, de leurs exemptions, franchises et priviléges, à la grande et vraie liberté, fondée sur le droit imprescriptible de l'homme, telle que l'a formulée la révolution de France. Cependant, pour l'époque, et dans les circonstances qui pesaient sur l'Europe, les peuples des Pyrénées pouvaient se dire heureux. Ils ne possédaient pas la liberté entière, ils en avaient du moins quelques démembrements. C'est ainsi qu'on trouvait chez eux certaines garanties de liberté individuelle. En Béarn, « jugea la Cour que nul homme ne doit être arrêté, s'il peut trouver et produire caution avec laquelle il doit jurer avec experts[3]. » En Navarre : « Nul homme ou femme, qui fournit caution selon son for, ne peut, sous aucun prétexte, ni pour aucun motif, être détenu ou conduit en pri-

---

[1] Faget de Baure, *Essais sur le Béarn.*

[2] Art. 16. Voir les *Essais historiques sur le Bigorre*, de Davezac-Macaya, t. Ier, p. 192 et suiv., note.

[3] For de Morlàas, rubrique CXXI : « Homme ne doit être arrêté, s'il a garant. »

son ; à moins toutefois que le prévenu n'ait déjà été jugé pour brigandage sur la voie publique ou crime de haute trahison [1]. »
En Béarn, on ne pouvait arrêter personne pour dettes. Quiconque faisait cession de biens était à l'abri des poursuites. Il y avait des choses insaisissables, telles que hardes de corps ou de lit, couteau ou armes que l'on porte avec soi, bétail dompté et destiné au labourage, instruments aratoires, moulins [2]. « Que le rustique ait paix à toujours, dit la coutume de Bigorre, et que nul ne lui saisisse ses bœufs ni ses instruments de labour [3]. »

C'étaient là, sans nul doute, des garanties précieuses pour les personnes et pour les biens.

Il y avait aussi des franchises en matière de commerce, surtout chez les Basques. Dans un temps de fiscalité excessive et même insensée, car elle mettait obstacle à toutes les transactions, on remarquera un grand nombre de dispositions comme celles-ci : « Les Biscayens sont libres d'acheter, vendre et recevoir marchandises dans leurs maisons...[4] » Les Souletins sont exempts de gabelle, de foraine, dans les provinces voisines, jusque dans Toulouse [5]. La gabelle, cet impôt si lourd, si dur, si souvent maudit en France, fut toujours repoussé de la vallée de Barège et de celles du Lavedan. Dix ans de résistance armée sous Louis XIV donnèrent gain de cause au droit des montagnards contre la volonté du monarque absolu [6].

Les rois d'Espagne maintinrent sans cesse les Basques dans le droit d'élire eux-mêmes leurs consuls et officiers municipaux. Ceux-ci exerçaient en vertu de l'élection, sans avoir besoin de la confirmation du prince [7]. Il paraît même qu'ils étaient dispensés d'obéir aux gouverneurs et lieutenants généraux établis dans la province, lesquels n'avaient à leur égard que le droit d'avis et non celui de commandement. Philippe II le déclare en 1597.

Dans les vallées d'Aspe, d'Ossau, de Barège [8], des officiers élus

[1] Belzunce, *Histoire des Basques*, t. II, p. 483 et suiv.
[2] Faget de Baure, *Essais sur le Béarn*.
[3] Art. 9.
[4] *El fuero... de Viscaya*, 1643.
[5] Belzunce, t. II, p. 487 et suiv., d'après Béla.
[6] Davezac-Macaya, *Essais historiques sur le Bigorre*, t. II, p. 265 et suiv.
[7] Belzunce, t. II, p. 192 et 491, d'après Béla.
[8] Voir la déclaration générale des habitants de la vallée d'Aspe, 1692,

de même par leurs concitoyens administraient dans le sens le
plus étendu. Qui plus est, ils avaient la haute justice et ne rele-
vaient que pour l'appel de la Cour de Béarn ou du Parlement
de Toulouse. Les qualités réunies de consul et de juge étaient
ainsi conférées par le choix libre des justiciables et des adminis-
trés. Le suffrage, à Barège au moins, était quasi universel : tous
les chefs de maison allaient au vote.

Là où ces grandes libertés d'élection n'existaient point, le
corps judiciaire offrait encore des garanties spéciales au pays
sur lequel il était institué. Les gentilshommes de Labourt et de
Soule étaient les juges-nés de leurs concitoyens[1]. Dans les Quatre-
Vallées, le juge, nommé par le seigneur, devait être du moins
habitant et né dans la terre[2]. C'était la loi, c'était l'usage. Ce
privilége fut vigoureusement soutenu par-devant la Cour de Toulouse, jusque dans le dix-huitième siècle[3].

Il ne faut pas croire maintenant que le droit social des peuples
des Pyrénées fut toujours digne de leur droit politique. Les belles
dispositions de celui-ci n'étaient souvent qu'au profit des hautes
classes, la noblesse, le clergé, les bourgeois de quelques villes,
tandis que l'humble paysan subissait la loi du servage. C'est
ainsi qu'en Navarre il y avait toute une classe de *vilains*, dépendants, corvéables, attribués et partagés comme un vil bétail[4]. Il est vrai que les Basques proprement dits, et quelques
autres peuplades protégées par de hautes montagnes, ne connurent jamais ni ce malheur, ni cette indignité. Néanmoins, chez
ces peuples même, il y avait des inégalités sociales. Les trois
ordres existaient. Le troisième se défiait des deux autres. C'est
ce qui explique que dans les Quatre-Vallées les nobles n'avaient
point l'entrée des états[5]; que dans le Labourt, selon M. Chaho,

art. 10 et autres ; la déclaration de la vallée d'Ossau, 1681 ; celle de Barège,
1727, au trésor de Pau.

[1] Belzunce, t. II, p. 487 et suiv.

[2] *Statuts, coutumes et priviléges du pays des Quatre-Vallées , Daure, Magnoac, Nestes et Barousse*, en l'année 1300, etc., par le comte Bernard de
Labarte ; à Auch, chez Etienne Duprat, seul imprimeur du roi, 1772 ; art. 1
et 6 de la coutume d'Aure.

[3] *Mémoire des syndics des Quatre-Vallées*, en date de 1739.

[4] *Leyes y Fueros de Navarra*, Alonso ; Madrid, 1848, t. Ier, p. 203.

[5] « Délibération des Etats des Quatre-Vallées, du 6 septembre 1712, où
l'état de la noblesse n'ayant pas droit d'assister, etc. »

les gentilshommes du premier ordre, ainsi que les prêtres, étaient exclus du *bilzar* ou sénat basque. « Un for de Biscaye, ajoute cet auteur, défendait aux ecclésiastiques ou moines de se présenter à l'assemblée de Guernica, d'en approcher à plus d'une lieue de distance pendant toute la durée des délibérations, et de rester plus d'une nuit, quand ils étaient en voyage, à la distance marquée par la loi [1]. »

En Catalogne, et particulièrement dans la Cerdagne, le servage était de la pire espèce. Il ne se rencontrait là aucune sorte de garantie, ni pour la liberté, ni pour les biens, ni même pour l'honneur des personnes. Le droit d'outrage était en permanence. Les choses allèrent si loin, que la féodalité y périt. Les rois d'Aragon déchaînèrent les serfs contre elle. Ferdinand le Catholique, socialiste par politique, abolit finalement toutes ces infamies, que l'on appelait de *mauvais usages* [2].

Foix, Bigorre, Béarn, furent plus ou moins atteints de la lèpre commune. A l'exception des lieux frontières, des vallées les plus inaccessibles, ces belles contrées virent s'étendre sur elles les tristes ombres de la servitude. Mais l'état des *questaux*, s'il était pesant en Béarn, n'y était pas en général arbitraire; il ne pouvait être aggravé, il ressortait d'un contrat. Il semble qu'il en fût de même en Bigorre [3].

L'esprit se repose volontiers sur les seuls peuples de ces montagnes, qui surent, dans des jours néfastes, pendant des années, des siècles de violence et d'oppression, conserver, avec la fierté nationale, le droit sacré de la liberté personnelle.

Tels ont été les Basques de la Soule, qui, sous François Ier, déclarent que, « par la coutume de tout temps observée et gardée, les natifs et habitants de cette terre sont francs et de franche condition, sans tache de servitude. » Ils peuvent porter armes en tout temps pour leur défense; ils chassent, ils pêchent, ils font paître leurs troupeaux, ils construisent des moulins pour y moudre, le tout en liberté; ils peuvent régler et règlent leurs

---

[1] Chaho, *Biarritz*, p. 242.

[2] Cénac-Moncaut, *Histoire des Pyrénées*, Paris; 1854, t. IV, p. 419.

[3] On trouve pourtant le *droit du seigneur*, en Béarn, sur deux points : à Bizanos, près de Pau, à Louvie-Soubiron, *dans la vallée d'Ossau*. Ainsi, le plus honteux servage côtoyait la liberté. Fors de Béarn, Mazure et Hatoulet, Pau et Paris, p. 171 et 172, note.

affaires en assemblée de commune [1]. Ce sont les mêmes qui battirent à plate couture et tuèrent sur place le duc Arimbert, de cette vaillante armée que Dagobert, roi des Francs, lança contre les Gascons [2].

Les habitants de Soule et de Labourt, coupables de crimes graves ou de trahison envers le roi, auront la tête tranchée [3]. C'est un privilége de noblesse. D'après Béla, les Souletins sont nobles en Espagne, en faisant preuve de quatre générations d'extraction basque [4]. Ferdinand le Catholique, par ses lettres patentes de l'an 1480, reconnaît pour nobles tous les Guipuzcoans, de quelque qualité et condition qu'ils puissent être. Noblesse était le nom que la liberté avait pris pour se faire comprendre d'un monde barbare. On lit, dans le for de Biscaye, du temps de Charles-Quint, les fières déclarations suivantes :

« Tout Biscayen, descendu par les mâles de Biscayen, est noble, et jouit, en toute terre d'Espagne, des priviléges, franchises et immunités attachés à la noblesse. — Le Biscayen ne peut, pour simples dettes, être mis en prison ni privé de la maison sa demeure, ni de ses armes, ni de son cheval. — Et il ne peut pas renoncer à ce privilége. — On ne peut mettre à la question un Biscayen, ni même l'en menacer (si ce n'est pour crime d'hérésie, de lèse-majesté, de fausse monnaie et crime contre nature). — La loi de Biscaye est personnelle. Le Biscayen peut réclamer partout sa loi et son juge [5]. »

On le voit, la liberté prend ici le ton altier de la noblesse. Le droit s'affirme lui-même, en qualité de privilége. C'est, au fond, une déchéance du droit et de la liberté, dont la grandeur réelle, fondée sur la nature de l'homme, n'a rien de commun avec je ne sais quelles distinctions et quelles préférences arbitraires. Il faut plaindre les temps où il règne une telle confusion de choses ; où, la force ayant tout abruti, les notions éternelles se voilent au fond des âmes ; où l'homme libre, oubliant lui-même le

---

[1] Coutume de Sole, 1520.

[2] *Arembertus dux, maxime cum senioribus et nobilioribus, interfectus.* Fauriel, *Histoire de la Gaule méridionale*, t. II, p. 447.

[3] Belzunce, *loc. cit.* — Coutume de Labourt, titre des criminels et punition d'iceux, art. 4.

[4] Belzunce, *loc. cit.*

[5] *El fuero... de Viscaya* ; Bilbao, 1643, *passim*.

titre immortel qu'il tient de Dieu, arbore un drapeau sur lequel il inscrit des titres périssables. Sous quelque nom pourtant que le droit apparaisse, quelle que soit la conscience qu'il ait de son origine, c'est assez pour la gloire d'un peuple qu'il se soit sans relâche manifesté chez lui, et c'est assez pour son bonheur qu'il y ait triomphé aussi souvent qu'on le vit chez les Basques.

A côté de ce peuple, le plus brillant de tous ceux des Pyrénées, il faut placer d'autres peuplades moins connues, plus obscures, enfouies, pour ainsi dire, dans les plus profonds replis de ces montagnes, mais que leurs grandes libertés passées désignent suffisamment à l'attention de l'histoire. J'ai à distinguer parmi elles les habitants d'une portion très-élevée des Pyrénées centrales, qui comprend la vallée d'Argelès, Azun, Cauterets, Barège, c'est-à-dire toute la magnificence et l'horreur de la nature. « Ces vallées, dit un savant auteur[1], qui sont depuis la ville de Lourdes jusques en Espagne, sont connues, en général, sous le nom de Lavedan. Les montagnards qui les occupent ont de la peine à souffrir qu'on les appelle Bigourdans. Ils croient être un peuple à part... » Ils le sont en effet, notamment parce qu'ils ne furent jamais asservis à la glèbe, comme le fut le malheureux reste des habitants de la Bigorre.

Ce n'est sûrement pas dans le nombre que réside l'intérêt qui s'attache à ces hommes. En 1851, la population de la vallée de Barège est de 6,605 personnes, et celle des six autres vallées du Lavedan dépasse seulement le triple de ce chiffre[2]. Les Barégeois, dénombrés en 1709, par ordre de Louis XIV, ne comptaient alors que 4,321 têtes, et Luz, leur chef-lieu, est une capitale de 1,400 âmes en tout. Mais la faiblesse numérique d'un petit peuple ne fait que relever d'autant l'éloge qui est dû à sa force morale, lorsque, à travers des siècles de servitude, il a su se maintenir libre.

Ce n'est pas que les habitants du Lavedan aient joui jamais, dans les temps historiques, d'une complète indépendance. Ils subirent, suivant l'heure, les Romains d'abord, les Visigoths ensuite, les Francs par intervalles, puis les seigneurs comtes de

---

[1] Le paléographe Larcher. Manuscrit des archives à la préfecture de Tarbes.

[2] *Annuaire des Hautes-Pyrénées pour* 1851, Bagnères-de-Bigorre.

Bigorre, l'Angleterre quelque temps, les vicomtes de Béarn, et finalement la France. Mais on ne voit pas que, sous aucune de ces dominations, ils aient perdu les lois de leur organisation intérieure, ni les droits précieux qu'elle consacrait.

A l'époque si critique où la féodalité se constitue, où le servage se consolide et s'écrit, où la force prétend devenir un droit, le peuple de Lavedan et Barège conserve son droit et repousse la force. C'est ce qui résulte notamment de la charte de Bigorre, en date de 1097 [1]. Cette charte, tout en mettant des bornes au despotisme du comte [2] et à la tyrannie des moindres seigneurs [3], n'en a pas moins pour but d'étendre le servage à la comté entière [4]. Barège et Lavedan sont exceptés. Tel est le motif des garanties spéciales, des quatre cautions que le comte doit fournir aux habitants de ces vallées [5]. C'est pour cela que lorsque, dans le reste du pays, les nobles seuls sont requis de lui prêter le serment de fidélité, tous les habitants des vallées y sont indistinctement admis [6]. Tous comptent, parce que tous sont libres.

Les Barégeois surtout soutiennent leurs droits avec ardeur. Quelque temps avant la rédaction de la charte, la comtesse Béatrix veut changer les coutumes. Elle s'aventure chez eux, ils menacent de l'emprisonner. Plus tard, elle les appelle aux armes, ils *refusent étroussément* de marcher. En 1113, ces scènes se renouvellent [7]. Il ne paraît pas qu'elles aient essentiellement tourné au détriment des Barégeois, car sous le nom de *privilèges accordés par Centot,* qui est le comte Centulle, leurs franchises sont reconnues dans ces temps [8].

---

[1] Texte en latin. Davezac-Macaya, t. Ier, p. 192 et suiv., note.

[2] Art. 1, 6, 15, 16, 28, 32.

[3] Art. 9, 14, 41.

[4] Art. 36 et 37.

[5] *Item juratores duos dabit Levitanensibus et totidem Baraginensibus,* art. 1.

[6] *De vallibus verò tam milites quam pedites accipere,* art. 2.

[7] Davezac–Macaya, t. Ier, p. 182, 208, 209.

[8] Ce qui va suivre est presque entièrement tiré des archives particulières de M. Couffitte, notaire à Luz, qui a bien voulu me les communiquer, et des renseignements écrits ou verbaux qu'il y a joints. Ces documents, soit par leur âge, soit par le caractère public des hommes dont ils émanent (notaires, consuls, procureurs du roi), m'ont paru offrir à l'histoire toutes les garanties désirables.

Elles le sont solennellement en l'année 1319, le vingtième de février : « Charles, fils du roi de France, comte de la Marche et Bigorre, etc., concède et donne à la vallée tout le terrain, le droit de pacage pour leur bétail et pour celui des étrangers, les eaux, forêts, bois, les herbages, l'usage d'iceux, droit de coupe, de vendre, engager, affermer, le droit de chasse et de pêche, pour jouir du tout en général et en particulier, et en faire à leurs volontés... »

Ces beaux titres sont perdus *par fortune de feu*, dans la guerre des Anglais; mais, les Anglais chassés, des lettres patentes les renouvellent (1408). En 1727, les Barégeois déclarent par-devant la Cour du Parlement de Navarre :

« Qu'ils jouissent de la terre, moyennant un simple fief annuel de cinq livres, pris de Charles, fils du roi de France. — Qu'ils sont exempts de *lods et ventes* (droits de mutation) d'immeubles, en vertu des anciens priviléges de Centot, comte de Bigorre. — Qu'ils ne peuvent encourir confiscation par forfaiture. — Qu'ils sont exempts de péages, gabelles, leudes, sans doute dans un rayon donné. — Qu'ils ne peuvent être constitués prisonniers pour dettes civiles, sans préalable discussion de biens (privilége de Centot). — Qu'ils payent leur part des tailles et donations imposées par les états de Bigorre, auxquels ils sont représentés. — Qu'ils nomment des consuls, que leurs consuls ont la justice criminelle, ensemble la justice civile pour partie et la police. — Qu'ils sont en possession, depuis près de trois cents ans, de faire des *paxeries* (traités de paix et de commerce) avec les vallées espagnoles de Broutou et Beusse, lesquelles ont été approuvées par les rois de France [1]. »

Voyons de plus près l'organisation d'un petit peuple, qui conclut ainsi des traités avec ses voisins.

Il n'y eut jamais, à Barège, que de pauvres pasteurs, pauvres, mais non misérables. Des pâturages immenses et de suffisantes prairies alimentaient leurs troupeaux. Ils louaient encore une partie de leurs montagnes aux bergers espagnols, qui viennent chaque été sur leur territoire. Nulle distinction parmi eux. L'égalité régnait, grâce au travail commun. Point de nobles ou des nobles sans droit. Auger Coufitte, qui expulse les Anglais,

---

[1] Déclaration générale de la vallée de Barège, 1727, au trésor de Pau.

en 1404, est laboureur. Personne ne fait profession d'armes, mais chacun est soldat dans le danger : contre les Maures jadis, d'après la tradition; assurément contre les Aragonais, Ossalez et Navarrez, d'après les titres. Sur des rochers, alors peu accessibles, une surprise était surtout redoutable : au moindre cri d'alarme, toute la vallée se levait comme un seul homme.

Ni la noblesse, ni le clergé n'administraient Barège. L'administration, comme la justice, étaient aux mains des consuls, élus du peuple, sans autre investiture que celle d'une confiance générale. Les nobles servaient simplement de témoins aux transactions accomplies par ces magistrats populaires. Les prêtres, dont on respectait le caractère, dont on suspectait l'esprit envahisseur, étaient observés et maintenus par de sages règlements. On voulait le prêtre à l'autel.

Créés annuellement à la Toussaint, dans chaque lieu de Barège, les consuls ne pouvaient guère se soutenir que par une intelligence et un zèle éprouvés, par la capacité et par la probité. Les actes de leur gestion étaient soignesuement recherchés, à l'expiration de leur charge. Il faut savoir que la vallée comprenait seize bourgs ou villages répartis en quatre circonscriptions nommées *vics*, plus la communauté d'Esterre, qui ne dépendait d'aucun vic, mais qui avait droit aux avantages des quatre. Il y avait des biens propres à chaque communauté, d'autres appartenant aux communautés d'un vic, enfin des biens communs à la vallée entière. On distinguait trois administrations, qui répondaient à ces trois intérêts : celle des communautés, celle des vics et celle de la vallée. Chaque communauté nommait individuellement les consuls qui devaient l'administrer. Cela se faisait dans l'assemblée générale, à laquelle prenaient part tous les chefs de maison, c'est-à-dire ceux qui offraient la double garantie de la propriété et de la famille. Il n'y avait pas d'autres élections que celles-là. Le vic était régi par les consuls des communautés de ce vic, réunis sous la présidence du premier consul du chef-lieu; la vallée, par les consuls de tous les vics ou communautés, réunis en assemblée générale, sous la présidence du premier consul de la ville de Luz.

Ainsi, les magistrats consulaires assistaient seuls aux assemblées générales de la vallée. Il paraît qu'anciennement elles n'eussent été légales qu'avec l'entier concours de tous les habitants chefs de famille ; mais, avec le temps, on renonça à cet usage vraiment républicain. On trouva bon, fut-il dit, d'éviter le grand tumulte qu'exciteraient plus de mille personnes réunies et les frais de déplacement de chacun. C'est le sens d'une déclaration du roi en date de 1703.

Le contrôle des finances s'exerçait comme il suit. Les assemblées des quatre vics nommaient deux auditeurs des comptes chacune ; Esterre en nommait deux, ce qui portait leur nombre à dix en tout. C'était devant ces commissaires réunis que le premier consul de la ville et de la vallée, lequel était en même temps trésorier, rendait ses comptes. Les auditeurs les examinaient et faisaient ensuite leur rapport à l'assemblée générale, qui les approuvait ou qui les rejetait. On procédait de même à l'égard du premier consul de chaque vic.

Ces vérifications se faisaient en toute rigueur ; elles n'étaient nullement pour la forme. Ainsi l'on vit s'élever de vifs débats sur la gestion d'un premier consul de Luz au sujet des frais, supportés par la vallée, de la route célèbre qui conduit à ses eaux thermales.

Indépendamment de cette route, tout à fait exceptionnelle et relativement moderne, les travaux publics de ce petit pays, à cause des hautes montagnes qu'il renferme, furent en tout temps une source de fortes dépenses et de préoccupations graves pour ses administrateurs. Il ne fallait manquer ni d'aptitude, ni de fermeté, ni de suite, pour lutter contre les dégradations annuelles et les affreux cataclysmes que la nature prodigue à ces limites supérieures de la terre habitable, pour entretenir une multitude de ponts sur des torrents tumultueux, de routes hasardées au bord des précipices, pour relever des villages entraînés par les avalanches dans les abîmes, pour veiller au danger parfois irrésistible des inondations subites, causées par les pluies d'orage. Il ne paraît pas que les magistrats chargés de ces soins impérieux non moins que multipliés soient restés jamais au-dessous de leur tâche, et ils l'ont quelquefois accomplie avec une habileté rare, témoin ce magnifique chemin qui conduit le voyageur de surprise en surprise depuis Luz jusqu'au village de Gèdre, et qui est l'œuvre exclusive des Barégeois.

Quant à l'esprit qui présidait aux conseils du petit peuple ainsi organisé, il serait difficile de le préciser d'une manière absolue. Tout porte à croire qu'il était favorable aux intérêts du plus grand nombre. On en trouverait une preuve bien remarquable dans certain mémoire, où les consuls de la ville de Luz et du vic du Plan, abordant une question souvent débattue de nos jours, soutiennent le droit des communes d'affermer leurs pacages, malgré la résistance d'un petit nombre de propriétaires de troupeaux. — Ces magistrats ont usé de ce droit. Dans quel but? Créer des revenus pour soulager des misérables. Les adversaires ont eu pour leurs troupeaux les pâturages communs aux autres habitants. Fallait-il, pour leur donner l'aisance qu'ils souhaitaient, pour leur laisser une abondance superflue, négliger les moyens de satisfaire aux dépenses publiques et sucer jusqu'à la dernière goutte du sang des malheureux exténués par la cherté des grains et désolés par des corvées accablantes? — On construisait alors le grand chemin de la vallée, à l'aide de nombreuses corvées municipales. — Rappelant l'opposition qu'ils ont rencontrée et qui ne s'est pas épargné les violences matérielles (1743), les consuls ajoutent : « On n'avait pas éprouvé jusqu'à présent de pareilles contradictions; les particuliers s'en rapportaient toujours à la sagesse des communautés, où le moindre chef de famille a droit d'opiner…, et la vallée de Barège était citée parmi ses voisins pour exemple d'une concorde parfaite… »

Cette dernière assertion pouvait être vraie, quant à l'époque où elle se produisit. Mais certainement la concorde n'avait pas toujours régné sans partage dans la vallée de Barège. On avait même cru devoir la maintenir par une loi singulière, qui nous reporte à des mœurs bien éloignées des nôtres. On lit, dans un règlement de police applicable à la ville de Luz : « que tout habitant d'icelle qui suscitera noises, questions et debats en ladite ville, sera prins et mis en prison ou bien entre les mains des consuls pour y demeurer iusques à ce qu'il se sera reconcilié auec sa partie [1]… »

C'est le lieu de rappeler ce qui a été dit plus haut, que les consuls de la vallée de Barège exerçaient à la fois la justice et la police, attribution qu'ils conservèrent jusqu'à la grande révolu-

---

[1] Règlement de police sur parchemin. Les prescriptions qu'il renferme paraissent avoir été faites à des époques diverses.

tion française. Elle leur avait été constamment disputée par les officiers de la cour du sénéchal de Bigorre, qui représentaient la juridiction comtale, car, pour le comte lui-même, la charte lui défendait d'être juge. « Ne soit jamais juge ni le comte, ni l'évêque, dit-elle, si ce n'est l'évêque en cas de conscience[1]. » Toutefois, les magistrats barégeois l'avaient généralement emporté, du moins pour la grande part, réservée la question d'appel. Le 4 novembre 1371, leur triomphe parut même être complet. La royauté française, alors abattue sous les Anglais, faisait des concessions, cherchait des auxiliaires. « Le roi Louis et le duc d'Anjou accordent à la vallée de Barège la justice criminelle et civile pour toutes les affaires de la terre, à l'exclusion du sénéchal de Bigorre et autres tribunaux, et ce suivant l'usage ancien et les priviléges. » Lorsque le Parlement de Toulouse est créé (1433), les appels de Barège, comme ceux du Lavedan, de la Bigorre, sont portés à cette cour. On connaît mieux le départ de ces juridictions dans les trois derniers siècles. Pour lors, et notamment d'après le dénombrement en date de 1619, les consuls de Barège ont en première instance la justice criminelle entière, la justice civile et politique pour partie, le surplus revenant aux officiers du roi en la cour du sénéchal de Bigorre. Il est spécifié que, selon les cas, les appels criminels seront portés à Tarbes ou déférés à Toulouse. De nombreux arrêts établissent que, pour les affaires civiles jugées à la sénéchaussée, le recours existait auprès de la cour suprême.

En somme, la justice criminelle appartenait entière aux magistrats de Barège. Des prisons, un pilori sur la place publique de leur ville, la faculté d'y dresser un gibet, en étaient les marques à la fois solennelles et tristes. Un tel privilége n'avait pu se perpétuer sous notre envahissante monarchie que par des raisons toutes spéciales, mais vraiment décisives. Henri IV les déduit à merveille dans ses lettres patentes du 17 mars 1584, datées de Pau : Considérant, dit-il, que « les vices sont tant plus fréquents dans la vallée de Barège, qu'ils sont rarement punis à cause de l'âpreté et rudesse dudit pays, où les avenues, passages et détroits sont si malaisés et inaccessibles que difficilement les captures des délinquants se peuvent faire par autres que par les habitants... » Le roi accorde avec grâce ce qu'il sait n'être après tout qu'une nécessité de bon gouvernement, il confirme l'exer-

[1] Art. 28.

cice de la justice criminelle aux consuls de Barège, tenus toutefois d'instruire les causes avec un assesseur, et de prendre, en matières graves, l'avis de gens gradués en nombre déterminé par ses ordonnances.

Le privilége de justice ne paraît pas avoir appartenu indistinctement à tous les magistrats de la vallée. Il aurait été le lot particulier des premiers consuls du chef-lieu de chaque vic, réunis aux premiers consuls de la ville de Luz. Les seconds consuls de cette ville avaient la surveillance des boulangers, bouchers et présidaient aux vivres. Le troisième exerçait la police. Ainsi ces magistrats se partageaient entre eux les nombreuses attributions de leur charge.

Ils remplissaient en outre la mission importante de répartir l'impôt voté par les états de Bigorre. Luz avait droit à perpétuité d'envoyer son premier consul aux états. Chaque communauté députait à son tour.

Les mêmes représentants se rendaient chaque année, au jour de la Madeleine, sur la frontière d'Espagne, pour y jurer une paix éternelle aux députés de la vallée de Brotou. Cet usage, qui dura quatre cents ans, consacrait les plus graves intérêts. Ce n'était rien moins qu'un perpétuel traité, dans toute la force que ce mot emprunte au droit des gens. Grâce à lui, une liberté entière de commerce régnait entre les deux vallées. Ainsi, les défenses d'entrée des marchandises ou de sortie des espèces monnayées ne les atteignaient point. Un seul tribunal compétent, des consuls de l'une ou des jurats de l'autre, selon le lieu du délit, étendait sa juridiction sur les négociants des deux parts. Les barrières internationales n'existaient pas pour elles. La guerre même, allumée entre l'Espagne et la France, ne troublait point leurs rapports pacifiques (1693). Elles devaient s'avertir mutuellement de l'arrivée des troupes ennemies aux frontières. Il y avait, en un mot, plus d'amitié entre elles qu'il ne pouvait y avoir d'inimitié entre les deux nations. Un accord du même genre existait entre la vallée de Barège et celle de Beausse en Espagne. Heureux et singulier résultat d'une position voisine, également exceptionnelle, qui, par des raisons toutes locales, privant un petit peuple de ce que l'autre possède en abondance, leur commande à tous deux l'échange, le commerce et, pour meilleure garantie, la paix.

Ces relations extérieures complètent l'idée que l'on peut se former de l'espèce d'autonomie que la vallée de Barège sut conserver longtemps, que ses habitants défendirent pied à pied avec une énergie manifeste. Il faut reconnaître aussi tout ce qu'ils durent à leurs sauvages montagnes. Elles furent leur protection, une partie de leur audace, leur encouragement constant. Lorsqu'ils y étaient à peu près inaccessibles, ils purent défier la tyrannie. Plus tard, soldats avancés d'une frontière difficile, on eut besoin de leur fidélité, et ils gardèrent leurs priviléges. Ce n'est point trop diminuer leur mérite que de tenir compte des circonstances qui les secondèrent, de la nature qui les inspira, que de faire, dans leur liberté, la part qui revient à Dieu dans toutes les choses humaines.

La persistance de la constitution de Barège, qui, bien qu'amoindrie, ne s'anéantissait pas, est propre à faire comprendre comment cette peuplade, et celles du Lavedan, qui suivaient à distance, conservèrent aussi, mieux encore, à travers les siècles, une certaine organisation de la famille, un droit privé extrêmement remarquable, et qu'on peut prendre pour type de tout ce qui se voit de semblable, en France, entre les Pyrénées et l'Adour, et dans la Biscaye en Espagne. Il y a là un véritable *à fortiori*. Car le droit de famille étant en effet plus tenace, parce qu'il est lié aux mœurs, que ne l'est le droit politique, celui-ci peut changer entièrement quand celui-là reste invariable. Mais quand le droit public subsiste, il y a de fortes raisons de croire que les lois de la famille n'ont pas été sensiblement altérées. Si elles ont subi ces modifications peut-être inévitables, que le temps amène avec lui, elles n'ont perdu, dans le fond, aucun de leurs principes.

Telle a été la fixité des lois organisant la famille, auxquelles cette étude est consacrée.

Peu importe l'époque où elles s'écrivent, elles révèlent, par leur nature même, par leurs éléments distinctifs, une antiquité reculée. Essentiellement contraires, dans ce qui leur est propre, à l'esprit féodal, étrangères au moyen âge, elles ne le sont pas moins au droit romain, qui domina tout le midi de la France; au droit visigothique, qui régna sur l'Espagne. On chercherait vainement leur filiation dans le monde, si de courtes mais expressives paroles de Strabon ne les rattachaient très-sûrement au droit des vieux Cantabres. Cette parenté est leur grand intérêt historique. Leur intérêt juridique n'est pas moindre, par l'opposition qu'elles présentent avec les législations qui nous sont familières. Enfin et avant tout, le grand problème moral qu'elles soulèvent, par la position spéciale qu'elles accordent aux femmes, les recommande à l'attention des moralistes et de tous ceux qui cherchent dans les lois le sens philosophique qu'elles renferment.

CHAPITRE II. — L'HÉRITIÈRE.

Exposition de la coutume de Barège. — Législation comparée. — Droit d'aînesse et de masculinité. — Droit d'aînesse sans distinction de sexe.

Le 2 juin 1670, MM. les consuls de la vallée de Barège, réunis en assemblée générale, au son de cloche et en la manière accoutumée, dans la maison de ville de Luz, procédèrent à la lecture définitive et à la publication des « articles de coutume de tout temps observés et pratiqués en la vallée de Barège, sans mémoire du contraire [1]. »

Ils avaient reçu, à cet effet, les pouvoirs de leurs communautés respectives, dans le sein desquelles ces articles furent premièrement débattus. Ils les affirmaient sous la foi du serment, s'en déclarant parfaitement instruits et savants. Ils ajoutaient que « lesdits articles avaient été constamment pratiqués, autorisés et approuvés par les rois de France, Angleterre, Navarre et comtes de Bigorre, depuis quatre cents ans que le coutumier et les priviléges plus considérables avaient été brûlés ou perdus par les guerres et autres accidents. » Il appartenait à des magistrats populaires de certifier et de proclamer un droit, d'origine populaire, où il ne se rencontre pas une seule disposition qui relève de l'ordre féodal.

Très-semblable à la coutume de Barège, celle du pays de Lavedan ne fut écrite que trente-quatre ans plus tard, le 15 juil-

[1] Coutumes anciennes et nouvelles de Barège, du pays de Lavedan et autres lieux dépendant de la province de Bigorre. Bagnères, 1836. Verbal de la coutume de la vallée de Barège.

let 1704. Jointe aux usages de « la ville de Lourdes, Rivière-Ousse, des lieux de Saux, Adé et Ossun, de la baronnie des Angles et marquisat de Bénac, » cette coutume fait l'objet d'une attestation du sénéchal de Bigorre, qui établit aussi sa haute antiquité : « Savoir faisons et attestons à tous ceux qu'il appartiendra (ce sont les termes) que lesdits pays des vallées de Lavedan, baronnie des Angles, Rivière-Ousse et marquisat de Bénac, vivent et sont régis et jugés suivant leur coutume non écrite, mais qui a été si connue et inviolablement observée, depuis plusieurs siècles, comme il paraît et se collige de grand nombre d'anciens actes, procédures et jugements, qu'il n'est aucune mémoire du contraire [1]. »

Ces deux coutumes si vieilles, bien que rédigées presque de nos jours, furent commentées en 1760 dans un très-bon ouvrage [2], dont l'auteur, Marie-Germain Noguès, avocat au Parlement de Toulouse, fut par la suite un éminent magistrat de la vallée de Barège [3].

Nous nous placerons comme lui, au point de vue barégeois, et nous prendrons pour texte la législation du petit peuple dont nous venons d'esquisser l'organisation et l'histoire [4].

La coutume de Barège comprend vingt-cinq articles. A part quelques dispositions relatives à la garantie dans la vente du bétail [5] et à une obligation du preneur à cheptel [6], elle traite exclusivement de l'ordre des successions, du contrat de mariage, de

---

[1] Coutume du pays de Lavedan... Attestation du sénéchal de Bigorre.

[2] La coutume de Barège conférée avec les usages, ou coutume non écrite du pays du Lavedan, de la ville de Lourdes, de la baronnie des Angles, marquisat de Bénac, et autres endroits dépendants de la province de Bigorre; où l'on fait connaître le véritable esprit et le sens de ces coutumes, soit en rapprochant leurs propres dispositions les unes des autres, soit en indiquant la manière dont elles sont interprétées dans l'usage ; et où l'on trouvera traitées un grand nombre de questions auxquelles ces coutumes peuvent donner lieu, etc., par Me M.-G. Noguès, avocat en Parlement, à Toulouse.

[3] Il était conseiller et procureur du roi au siége consulaire de la vallée, en 1768.

[4] Pour les coutumes de Barège et de Lavedan, j'ai mis à profit le commentaire de Noguès. Je dois aussi quelques éclaircissements à la science de M. Latapie, avocat du barreau de Lourdes.

[5] Art. 21, 22, 23.

[6] Art. 24.

la position des cadets, de la faculté de disposer des biens selon
leur provenance, du retrait lignager. C'est, en deux mots, un
code de la famille, dont la singularité perce au premier coup
d'œil, où l'on découvre, avec un peu d'étude, une grande unité
de législation, une inflexible rigueur dans l'application des principes, une logique primitive, républicaine, antique, pure de tout
envahissement, de toute concession postérieure.

Ces caractères, qui distinguent la coutume de Barège, ne se
retrouvent pas, je crois, au même degré, dans des coutumes également remarquables, qui ont avec elle des traits saillants communs, je parle des coutumes basques, non de l'Espagne, mais de
la France, celles du pays de Soule, de la basse Navarre, du
pays de Labourt, compris aujourd'hui dans notre département
des Basses-Pyrénées. Là, le droit de famille n'était pas resté
complétement isolé des tendances féodales ; là, l'esprit des législations voisines, les conquêtes même de l'esprit moderne, sur
quelques points s'étaient fait jour ; et, bien que ces coutumes
basques renferment certains vestiges d'une civilisation encore
plus reculée que celle dont témoigne la législation de Barège,
il ne m'en paraît pas moins que celle-ci, pour l'ensemble et pour
l'enchaînement de ses dispositions, présente un type plus achevé
et plus net.

Nous y rapporterons, pour n'en faire du reste qu'un seul fais-
ceau, toutes les lois de famille se rattachant à la même origine,
qui peuvent être recueillies dans cette région, l'ancien Béarn
compris, que l'on voit s'étendre, tourmentée par les monts, de
Barège jusqu'à Saint-Jean-de-Luz, du Mont-Perdu à l'Océan, et
qui descend, s'aplanissant toujours, vers le cours demi-circu-
laire de l'Adour. Il faudra joindre les usages de quelques lieux
rejetés sur la rive droite du fleuve, non loin de son embouchure.
Pour l'Espagne, à défaut des lois, qui durent être changées, la
Biscaye nous offrira des mœurs, lesquelles ont perpétué, dit-on,
le souvenir d'un état de la famille qui fut commun à toute cette
partie occidentale des Pyrénées et qui régna jadis, chez les peuples cantabres, voisins à l'ouest de la Biscaye, qu'il ne faut pas
confondre avec les Biscayens.

Deux principes, dont elle est l'impérieux développement, résu-
meraient, au besoin, la coutume de Barège.

Le premier est la conservation des biens, sans division, dans les familles et celle des familles mêmes par la propagation en légitime mariage.

Le second est l'égalité de droits, dans les deux sexes, qui concourt à remplir cet objet.

Du premier principe, conservation des biens sans division, découle le droit d'aînesse. Ce droit s'applique d'une manière abolue, sans distinction de biens.

Il s'applique sans distinction de sexe, en vertu du second principe que nous avons posé.

« Le premier-né du mariage, soit mâle ou femelle, est héritier de toute sorte de biens, de quelle nature qu'ils soient, de souche et avitins (lisez : acquêts et propres), c'est-à-dire sans aucune différence, possédés par les pères et mères, aïeuls et aïeules, ou autres en ligne supérieure et ascendante[1]. »

« Quand un héritier de la maison et biens vient à décéder sans enfants de légitime mariage, la succession des biens et maison doit passer » à l'aîné de ses frères ou sœurs ou à leurs enfants, selon l'ordre de primogéniture ; à défaut de ceux-ci, au deuxième puîné frère ou sœur du défunt ou à ses descendants, et ainsi de suite en observant le même ordre[2].

En défaut d'enfants propres, de frères et sœurs ou de leurs descendants, les biens reviennent à la maison d'où ils sont sortis[3], c'est-à-dire à celui ou à celle qui s'en trouve être l'héritier ou l'héritière.

Sont exclues, selon l'esprit de la coutume, les personnes inhabiles au mariage, par une cause naturelle ou un motif civil, et celles qu'une infirmité d'esprit ou une humeur prodigue rend impropres à la gestion d'un patrimoine[4].

Dans ce système, il n'y a point de succession collatérale, même de frères et sœurs. Ainsi, un neveu, qui représente le premier frère puîné du défunt, est préféré à ses autres frères et sœurs. Le droit d'aînesse règne exclusivement. Chaque maison, chaque famille a un chef propriétaire des biens, mâle ou femelle, appelé dans l'ordre de primogéniture. Il transmet son droit à ses descendants, selon cet ordre. Sa branche vient-elle à

---

[1] Art. 1.
[2] Art. 6.
[3] Art. 3, *in fine*.
[4] Art. 2.

s'éteindre, la branche immédiatement puînée fournit le chef de famille. Lui seul a droit aux biens patrimoniaux et même, à défaut de testament, aux acquêts de la branche qui vient de finir.

Dans ce système encore, l'aîné, mâle ou femelle, est tout, les puînés ne sont rien. L'aîné est maître, les puînés sont serviteurs, esclaves. La coutume les nomme ainsi, *esclaus* et *esclabes*, et elle prend soin de justifier le nom qu'elle leur donne par une disposition exorbitante :

« Art. 16. Un puîné ou une puînée, appelés en vulgaire du pays *esclau* et *esclabe*, qui sortiront de la maison pour travailler, trafiquer, ou demeurer valet ou servante ailleurs, sans l'approbation et consentement du père et de la mère, ou *de l'héritier de la maison*, sont obligés de tenir en compte ce qu'ils ont gagné sur ce qu'ils peuvent prétendre de leur maison tant moins de leur légitime. »

Ainsi, dans la coutume de Barège, les enfants puînés sont comptables de leurs acquisitions, non-seulement à celui de leurs parents qui est héritier, chef de famille, mais encore à leurs frères ou sœurs héritiers ; ils sont tellement sujets de la maison, qu'ils ne peuvent en sortir qu'au risque de perdre leurs droits légitimaires, à l'entière discrétion de leur père ou mère, selon le cas, ou, ce qui est plus fort, de leur frère ou sœur aînés. Une loi si dure s'explique, sans toutefois s'excuser, par le motif d'engager, jusqu'à leur établissement, les puînés à rester dans la maison pour y travailler les biens et procurer ainsi l'aisance à la famille.

La légitime, dont il est question pour eux, est d'une quotité restreinte, pour ne préjudicier aux droits de leur aîné[1]. Cette légitime même est réversible à celui-ci ou à ses successeurs, si les légitimaires meurent sans laisser d'enfants[2]. Le droit de retour est perpétuel. A quelque époque éloignée que s'éteigne la postérité d'un cadet, il s'exerce au profit de la maison de souche.

Une coutume, qui se préoccupe tellement de ramener dans les maisons les biens qui en sont sortis, ne peut manquer d'admettre le retrait lignager[3] ou la faculté, pour les proches parents d'un vendeur, de retirer, en en payant le prix, les biens par lui

---

[1] Noguès.
[2] Art. 9.
[3] Art. 17.

aliénés, qu'il tenait de leur ligne. Cette faculté, généralement
reçue dans nos anciennes coutumes, et même dans cette partie
de la France qui suivait le droit romain, est une conséquence
du principe dominant ici, maintien des biens dans les familles.

Le même principe agit énergiquement pour réglementer les
mariages, en se combinant avec cette égalité de droits que la
coutume de Barège reconnaît implicitement aux deux sexes. Il
en résulte des dispositions singulières.

Tout chef de famille, actuel ou présomptif, se marie. C'est son
droit, c'est surtout son devoir, pour continuer la maison, les
aïeux, le nom. Or, il est mâle ou femelle, au gré de la nature,
l'ordre de la naissance étant seul consulté. Quel que soit son
sexe, son aptitude civile est la même. L'héritier ou l'héritière,
selon les cas, conserve également la maison en se mariant.

Un usage invariable veut que tout héritier prenne pour
épouse une cadette de famille, laquelle lui porte sa légitime en
dot. Elle perd son nom, elle vient chez son époux, indispensable
auxiliaire pour lui donner des héritiers, pour conduire son ménage, pour travailler son bien. La bru (c'est ainsi qu'on l'appelle) ne profitera point des fruits de son industrie. La maison
en profite. Elle n'aura point de part aux acquêts du mariage.
Son contrat est unilatéral, en ce sens que l'avantage est tout
d'un seul côté, du côté de l'époux, ou plutôt de la maison, que
l'époux représente et qu'on veut perpétuer.

Si fâcheuse que soit cette position de la femme, elle n'éton-
nera personne; l'histoire du droit nous la rend familière. Mais,
à Barège, elle se retourne, d'une manière anormale, au détriment de l'homme qui s'associe avec une héritière.

L'héritière, selon l'usage également invariable, reçoit pour
époux un cadet de famille, qui lui apporte sa légitime en dot.
Cet époux, appelé gendre, est littéralement dotal. Il n'a droit, le
cas échéant, lui ou ses héritiers, qu'à la répétition de sa dot. « Il
peut retirer l'entière constitution qu'il aura portée dans la maison
de sa femme, et non autre chose, sous prétexte des méliorations
qu'il y pourrait avoir fait[1]. » C'est assez dire qu'il doit travailler
uniquement pour le bien et avantage de la maison où il est établi. Ce qu'on veut de lui, c'est son labeur, ce sont ses sueurs, les

---

[1] Art. 11 et 19 combinés.

peines qu'il se donne pour entretenir le bien, pour rendre la maison florissante. Son nom, on le lui laisse. Ses enfants porteront le nom de leur mère, continueront sa famille, perpétueront le souvenir des aïeux maternels. Le gendre est là pour améliorer l'état de la maison. Il ne peut l'empirer en contractant des obligations de son chef. Il y demeure, il doit y demeurer. On doute même qu'il puisse s'en séparer, si ce n'est pour motif d'incompatibilité grave avec son beau-père ou avec sa belle-mère. Un simple caprice de sa part ne pourrait entraîner à sa suite ni sa femme, malgré la puissance maritale, ni ses enfants, malgré la puissance paternelle.

L'une et l'autre puissance sont bornées. La puissance paternelle, dans les limites où elle s'exerce, profite également au père et à la mère. La bru qui survit à son mari a l'administration et l'usufruit des biens de ses enfants, jusqu'à leur majorité ou mariage. Le gendre qui survit à sa femme ne paraît pas avoir, sur les biens de ses enfants, un droit plus étendu.

S'ils veulent, l'un ou l'autre, quitter la maison où ils s'étaient mariés, et ils le doivent, s'ils convolent en secondes noces, ils ne peuvent pas emmener leurs enfants, lesquels restent commis aux plus proches parents du conjoint héritier décédé. Ils perdent l'administration et l'usufruit de leurs biens. La bru seule peut reprendre toute sa dot. Mais le gendre n'en peut retirer que la moitié [1]. L'égalité de droits devient ici une déchéance égale, allégée pourtant au profit du sexe le plus faible. C'est une application extrêmement rigoureuse du principe consacré de la conservation des maisons. L'intérêt de la famille, que les enfants représentent, fait évanouir ici la puissance d'un parent qui ne la représente pas.

Là où cet intérêt n'est point en jeu, comme lorsqu'il n'aurait point d'objet, n'y ayant pas de maison à conserver, le droit s'humanise aussitôt. C'est ce qui arrive dans le mariage d'un cadet avec une cadette, lesquels ont quitté leurs familles respectives pour s'établir à part. Ce genre d'association n'est plus régi par ces lois inflexibles, qui sacrifiaient tout à l'heure l'un des époux à l'autre. Il comporte entre eux le partage des profits, la communauté des acquêts. Cette clause, habituellement stipulée, a

---

1 Art. 25.

attaché aux cadets qui se marient ainsi le nom de *meytades*, mitoyens, parce qu'ils sont de moitié dans les bénéfices du mariage.

De plus, le meytadé survivant qui a des enfants de son mariage « peut se remarier sur les biens de son conjoint décédé, pour en avoir l'usufruit, en nourrissant lesdits enfants jusqu'à ce qu'ils soient mariés ou majeurs [1]. »

Cette faveur, accordée du reste également, comme toujours, au père ou à la mère, tranche avec la dureté du droit, qui, dans le cas de convol en secondes noces, écarte le gendre ou la bru, survivant à leur époux héritier, de la maison de celui-ci, y retient leurs enfants et enlève même au gendre la moitié de sa légitime.

Mais toute la rigueur coutumière reparaît, dès qu'il s'agit de régler la succession des cadets-époux. C'est là comme ailleurs, comme partout, le droit de primogéniture, sans distinction de biens, sans distinction de sexe.

Ce droit, si favorable aux femmes, puisqu'il leur donne, comme sœurs, en qualité d'aînées, la préférence sur tous leurs frères, est au rebours des autres coutumes de France, qui, lorsqu'elles établissent des inégalités, en font profiter les mâles aux dépens des femelles. En général, fait remarquer Noguès, on adjuge l'hérédité aux mâles, quoique puînés, en réduisant les filles à une légitime. « On fonde, dit-il, cette préférence en faveur des mâles sur ce qu'ils sont tout à la fois le soutien de l'État et celui des familles; que c'est par eux que se conservent et se maintiennent l'ancienneté, le lustre, le nom, les armes et les biens dans les familles, au lieu que les femmes, par elles-mêmes, ne sont capables d'aucun de ces avantages... » De là viennent les dispositions des coutumes en faveur des enfants mâles; de là, dans les pays de droit écrit, les substitutions au profit des mâles, par préférence aux filles. — Il en est néanmoins autrement dans la vallée de Barège et dans quelques pays voisins, qui traitent avec la même faveur les filles et les mâles [2]. —Notre coutume, ajoute naïvement le commentateur, paraît bizarre sur le point de succession, quand on n'en considère que la lettre, et le premier mouvement qu'elle excite est

---

[1] Art. 14.
[2] Noguès, p. 37 et suiv.

un mouvement d'indignation contre elle…; mais il faut convenir qu'il n'en est plus de même, quand on réfléchit qu'elle atteint, mieux qu'aucune autre coutume, ce but : conserver les biens dans les familles.

Il est vrai qu'en partant de cet usage, que les premiers-nés, soit mâles, soit femelles, ne sortent pas de la maison en se mariant et attirent au contraire à soi les personnes qu'ils épousent, il peut être profitable à leur maison de les établir aussitôt l'âge nubile ; ce qu'on fait aisément en les déclarant héritiers. — Cet avantage pourtant n'est point tel qu'il eût pu jamais déterminer un peuple à consacrer, dans cette vue, le droit d'aînesse en faveur des deux sexes.

Dans l'Andorre, où les filles n'héritent qu'à défaut de mâles, les patrimoines se conservent à merveille, les mêmes biens subsistent dans les maisons, les maisons se perpétuent sans changement à travers les âges[1]. Il a suffi pour cela que les collatéraux veillassent, avec un soin pieux, sur le bien de l'héritier. Il a suffi qu'en défaut de rejetons mâles, l'aînée des filles prît constamment pour époux un cadet qui vînt, comme à Barège, s'établir sur son héritage, en adoptant son nom. Le droit d'aînesse des femmes, en présence de leurs frères, n'a point été ni paru nécessaire.

C'est que ce droit, en effet, ne saurait dériver seulement d'un vœu de conservation matérielle, d'un principe politique. Il doit être fondé sur une cause intérieure, sur un principe moral. *La femme a la même aptitude que l'homme à représenter, conduire et perpétuer la famille.* Telle est l'idée mère qui se trouve au fond de la coutume de Barège, de celle du Lavedan, de l'ancien droit rustique du Béarn, des coutumes basques de France, des mœurs de la Biscaye ; idée profonde, enracinée, antique, qu'aucune invasion de peuples historiquement connue n'a pu jamais porter dans ces régions ; qui est propre à ceux qui les habitent, aux Basques surtout, qui sont les plus anciens, fruit spontané de leur nature, voix primitive de leur conscience, dont l'écho, répété par tant de siècles, est venu jusqu'à nous !

Si cette idée, qui implique indifféremment la suprématie de la femme ou de l'homme au sein de la famille, a paru choquante

---

[1] *De l'Andorre* ; Toulouse, 1823, p. 18 et 19.

au Barégeois Noguès, en plein dix-huitième siècle, jusqu'à mettre dans sa bouche le mot d'*indignation*, combien plus a-t-elle dû être telle pour un écrivain grec, homme du siècle d'Auguste, imbu des préjugés de l'antiquité classique contre les femmes ! Le géographe Strabon, parlant des Cantabres, qui résidaient à l'ouest de la Biscaye actuelle, entre la mer et les monts Asturiques, prolongement des Pyrénées en Espagne, s'exprime ainsi :

« Chez eux, dit-il, ce sont les maris qui apportent une dot à leurs femmes et ce sont les filles qui héritent de leurs parents et qui se chargent du soin d'établir leurs frères. De pareils usages annoncent le pouvoir dont le sexe y jouit, *ce qui n'est guère un signe de civilisation*[1]. »

Qui ne reconnaîtrait dans ce tableau, bien que si court, les traits saillants du droit que nous venons d'exposer : le mari dotal, les filles héritières, chefs de famille, établissant leurs frères ?

C'est à tort que l'on a cru voir[2], dans la dot portée par le mari cantabre, un douaire, une donation pour noces, dont le principe, n'impliquant nullement une supériorité de la femme, n'eût pu être noté par Strabon à titre de singularité dans ce genre. — L'usage des douaires vint plus tard en Espagne de l'influence du droit visigothique, où il a joué un rôle considérable. — Il s'agit, ici, d'une dot proprement dite, d'une constitution véritable, pour subvenir aux charges du ménage, qui n'est point aliénée, qui se trouve au contraire garantie pour le retour éventuel ; d'une dot toute pareille, identique à celle qu'une femme apporte à son mari pour contribuer aux frais de la vie commune.

Mais quel renversement des choses ! C'est la femme qui pourvoit en maîtresse aux charges du mariage ; c'est le mari qui y contribue de son bien. Sa position est secondaire ; la position de la femme est dirigeante... Joignez à cela qu'elle a le droit d'aînesse, qui lui confère, le cas échéant, toute prééminence sur ses frères... Strabon a raison de le dire : « De pareils usages annoncent, chez un peuple, le pouvoir dont le sexe y jouit. »

Mais il ajoute : « Ce qui n'est guère un signe de civilisation. »

C'est-à-dire que, selon Strabon, une société qui donne aux femmes cette influence et ce pouvoir est par cela seul taxée de barbarie.

[1] Strabon, liv. III, p. 165.
[2] Le traducteur français de Strabon.

3

Cette opinion n'est point particulière à l'illustre géographe; c'est le sentiment commun de l'antiquité, pour laquelle tout ordre social est fondé sur l'autorité, même absolue, de l'homme et semble créé presque uniquement pour son avantage.

Aussi voit-on les femmes déshéritées partout. L'exclusion des femmes dans les successions, remarque M. Giraud, est le droit humain antique. Dans la Grèce, il remonte aux plus hautes traditions. Dans l'Égypte, il a servi de type au droit mosaïque. Dans l'Inde, c'est le droit commun avant Manou[1]. — Le peuple hébreu lui-même, si distinct, à certains égards, se confond avec les Orientaux pour abaisser la femme. C'est peu que, fille, elle n'hérite qu'à défaut de ses frères. Épouse, le mari l'achète par argent; il la répudie à peu près par caprice. Elle-même est liée indissolublement, entourée par les affreuses menaces du feu ou de la lapidation. Un soupçon du mari la traîne au sanctuaire, où elle reçoit un breuvage[2] qui doit la rendre mère, si pourtant elle est fidèle. Malheur à sa stérilité ! — Le sexe faible est plus impur que l'autre. Une fille qui vient au monde souille sa mère, deux fois plus que ne le ferait un fils[3] !

La Grèce, si riante, s'assombrit étrangement dès qu'il s'agit des femmes. Lorsqu'à défaut de mâles une fille athénienne était héritière, elle appartenait, corps et biens, à l'agnat le plus proche. En cas de concours de parents du même degré, le plus vieux était préféré. Devenue veuve, elle ne pouvait éviter non plus le mariage de l'agnat disponible qui se présente[4]. La religion consacrait toutes ces injustices. Une chose était mauvaise, on la déclarait sainte : la raison doit se taire et le peuple s'incline.

Chez les Romains, selon la loi des Douze Tables, la femme succède lorsqu'elle est agnate ; mais les agnats ou parents par les femmes ne succèdent pas. Les familles meurent dans les femmes. Pour leur esprit léger, on les met en tutelle et elles ne peuvent tester. On sait que les maris pouvaient acquérir sur elles une puissance sans limites[5]. Lorsque le vieux Caton, se plai-

---

[1] *Du droit de succession chez les Athéniens*, Ch. Giraud, *Revue de législation*, 1842, p. 112.

[2] Les eaux de jalousie.

[3] *Lévitique*, XII, 1-5.

[4] Ch. Giraud, *Du droit de succession chez les Athéniens*.

[5] La *manus*.

gnant de leurs dépenses ruineuses, propose la loi qui va restreindre ce qu'une femme peut recevoir par testament : « Donnez un frein, dit-il, à cette incapable nature, à cet animal indompté [1] ! »

De ce que la femme est exclue, déshéritée, injuriée même par le droit antique, on n'en saurait conclure qu'il en fût de même dans le droit primitif. L'ère antique est sacerdotale ou guerrière et héroïque. La force a déjà étreint les sociétés humaines. La superstition les a dominées, et les hommes, interprètes habituels des religions, s'en sont rendu les prescriptions favorables. Nous ne pouvons pas dire que dans l'époque antérieure, la nature, agissant sans contrainte, n'ait point dicté des mœurs plus convenables aux femmes, au moins chez certains peuples. Ce que nous signalons chez les Basques et les Cantabres est propre à contrarier cette opinion, que la femme n'a dû qu'à la civilisation croissante les droits qu'elle n'eut point au début. Si cela est vrai de certaines races, cela peut être faux de toutes en général.

Chez les Romains eux-mêmes, la femme voit s'augmenter ses déchéances légales, à une époque de civilisation relative. La loi Voconia, proposée par Caton, est pire pour elle que la loi antérieure des Douze Tables.

On peut croire que les lois premières, filles spontanées de la nature, furent, chez quelques peuples, chez les peuples bien doués, assez bénignes aux femmes. Puis l'homme, en légiférant, s'enivra de sa propre sagesse non moins que de sa force, il méprisa un sexe faible et voulut l'asservir...

Mais sans prétendre lever le voile des premiers âges, trop pesant pour une main humaine, je reviens à des temps qui, pour être plus rapprochés de nous, n'en sont pas moins remplis d'obscurités.

C'est ainsi qu'il serait difficile de préciser, d'une manière absolue, l'ordre des successions chez les Gaulois, nos ancêtres. Le partage égal était admis, dit-on ; mais les filles concouraient-elles avec leurs frères, ne venaient-elles qu'à leur place, étaient-elles totalement exclues? Les anciennes lois de Galles, dont M. Laferrière invoque l'autorité, à défaut d'une meilleure, laissent la question tout à fait indécise [2]. — On a prétendu que la

[1] « Date frenos impotenti naturæ et indomito animali! » Tite-Live, XXXIV, 2.
[2] *Histoire du droit français*, t. VI, p. 93.

communauté entre époux existait dans le mariage gaulois, ce qui eût, sous un certain rapport, élevé la femme au niveau de son mari ; mais le don mutuel et le gain de survie, dont César a parlé, n'offrent rien de comparable à ce régime moderne. Ce qui est très-certain, selon les *Commentaires*, c'est que l'époux avait sur son épouse le droit de vie et de mort.

On lit avec horreur cette loi des Burgondes, peuple d'origine germanique : Une femme qui aura abandonné son mari sera étouffée dans la boue. Quant au mari qui a quitté sa femme, il n'est tenu, s'il veut revenir à elle, qu'à lui payer une seconde fois le don du matin ou prix de la virginité [1].

Chez les anciens Germains, la femme était considérée comme la chose du mari. Veuve, elle passait dans la propriété de son héritier. Celui qui voulait l'épouser devait l'acheter à ce dernier. Au cinquième siècle, cet achat subsistait fictivement [2]. — La femme germaine ne pouvait avoir que la dot fournie par le mari et le don du matin. Les mâles seuls avaient la succession [3], comme conséquence du droit de l'épée.

Partout, chez les barbares comme chez les civilisés, la femme était en butte à certaines déchéances, amoindrie, abaissée, asservie plus ou moins cruellement à la domination de l'homme, c'est-à-dire à la loi du plus fort.

Mais le progrès des temps, de la raison, des mœurs, amena, chez tous les peuples, un adoucissement à la condition des femmes. Comment la Romaine fut graduellement délivrée de la tutelle agnatique, tout en évitant la puissance maritale ; comment elle devint maîtresse absolue de ses biens, concourant, par la dot seule, aux charges du ménage ; comment, de la loi des Douze Tables à une Novelle fameuse de Justinien [4], la parenté par les femmes s'éleva peu à peu aux droits attachés d'abord à la seule parenté par les mâles ; c'est l'immortelle histoire du droit prétorien, de la raison écrite. — Il y eut aussi, chez le peuple athénien, des usages progressifs. Ainsi l'héritière se vit tirée de la cruelle alternative, ou de renoncer à son bien, ou d'épouser

---

[1] Fauriel, *Histoire de la Gaule méridionale*, t. Ier, p. 523.

[2] *Ibid.*, t. II, p. 17.

[3] Exclues des immeubles, les femmes ne partageaient que les meubles. Mignet, *Revue de législation*, 1842, t. XVI, p. 14 et suiv.

[4] La Novelle 118.

un agnat qu'elle n'aurait point choisi. Son père la mariait avec un étranger, ce qui était loisible, pourvu qu'il l'adoptât[1]. — Je n'ai cité les Juifs, malgré leur isolement, que parce que le droit mosaïque, imparfait, inhumain, aux yeux de la raison, aboutit un jour à la morale du Christ, qui le renverse et se répand dans le monde. — La loi des Visigoths, rédigée sous l'influence chrétienne, se conforma au droit romain, admit les filles à partager également l'hérédité avec les mâles.

Les Germains, étant bien plus barbares, furent aussi moins dociles, et pourtant, les Gaules conquises, ils subirent insensiblement l'action des idées romaines, vivantes dans le clergé. Du neuvième au douzième siècle, le droit germanique se transforme au profit des femmes. — Les sœurs sont appelées dans la succession en concurrence avec leurs frères. — La veuve obtient au moins la moitié des biens du mari.—Les filles sont admises à la succession de la terre et même de l'office[2].—La féodalité avait jeté, dans le monde barbare, une donnée toute nouvelle, le droit d'aînesse[3], qui appartenait aux mâles, de préférence aux femelles : féodalité, droit d'aînesse, long cortége de priviléges iniques, tout fut justement englouti dans la révolution. La loi du 7 mars 1793 défendit de rien donner aux héritiers en ligne directe, et fonda le partage égal entre tous les descendants.

C'était la reproduction d'une très-ancienne maxime de la coutume de Paris : « Les enfants viennent également à la succession de leur parent mort. — Ne peuvent aucunement les parents les avantager l'un plus que l'autre[4]. »

Dans tout ce que nous venons de voir, le *nec plus ultrà* du droit, en faveur de la femme, c'est, en matière de succession, son concours avec l'homme, par égalité, sans aucune préférence ; c'est, dans le mariage, le régime *paraphernal* ou séparation de biens, qui la laisse maîtresse, sa dot exceptée. C'est aussi le régime de la communauté, né, durant le moyen âge, du travail commun dans les classes roturières[5] ; qui, associant la femme à la fortune de l'homme, réserve néanmoins la direc-

[1] Ch. Giraud, *Du droit de succession chez les Athéniens.*
[2] *Revue de législation*, 1842, t. XVI, p. 40 et 41.
[3] *Ibid.*, p. 26.
[4] Coutume de Paris, 1510.
[5] *Revue de législation*, loc. cit.

tion de celui-ci. En somme, qu'y a-t-il là de semblable à la législation de Barège, à ce mari portant une dot, subordonné à sa femme, acquérant pour elle, absorbé, disparaissant en elle, au point de quitter son propre nom pour le sien ; à cette héritière, parce qu'elle est l'aînée, primant ses frères cadets, exploitant leur travail, régissant sa famille, perpétuant sa maison ?... Tout ce système est étranger aux lois les plus connues du monde occidental.

Il est vrai que le droit de primogéniture en étant l'une des bases essentielles, il ne pouvait jamais se rencontrer, soit avec le droit romain, soit avec le droit grec, qui ne s'attachaient, pas plus que ne le firent les premiers Germains, à l'ordre de la naissance. On sait qu'à Rome, les pères testaient comme ils voulaient, et rien n'indique qu'ils aient usé sans cesse de cette pleine latitude en faveur du premier-né de leurs enfants. *Ab intestat*, ceux-ci venaient par tête. — Dans le droit attique, les enfants mâles partageaient également, les femelles exclues, mais dotées. — Dans la succession germanique, les mâles partageaient également, les femelles exclues.

Le droit d'aînesse ne vint chez les Germains qu'à la suite de la conquête, quand le domaine, prenant un caractère public, ne fut plus concédé qu'à titre de service. Le service ne put être amoindri, en étant divisé. Du fief indivisible sortit le droit d'aînesse.

C'est là un fait purement politique, relativement moderne, qui ne ressemble en rien à ce qui a pu se passer chez d'autres peuples, les Hébreux, par exemple, où le privilége de l'aîné, étant immémorial, dut résulter plutôt de l'organisation première et spontanée de la famille.

Quoi qu'il en soit, naturel ou acquis, le droit de primogéniture a fait le tour du monde, accompagné du droit de masculinité.

Nous le retrouvons, au midi de la France, dans un usage où les pères de famille persistent encore, d'avantager le premier-né de leurs fils jusqu'aux limites extrêmes que la loi leur permet. Cet usage a toujours été plus ou moins répandu dans nos provinces qui suivaient le droit romain, notamment dans les anciens ressorts des Parlements de Toulouse et de Bordeaux. Dut-il être introduit par les mœurs féodales, gagnant de haut en bas toutes les classes de la société ? Serait-ce une tradition de l'ancien droit du pays, antérieur à la conquête romaine, lequel aurait différé sur ce point du droit de la Gaule centrale, consacrant plutôt l'égalité des partages ?

La question se présente sur toutes nos Pyrénées, à l'orient de l'Adour, où la préférence des aînés ne se sépare point de la préférence des mâles. Il en est de même dans le haut Aragon, et, à ce que l'on m'assure, dans la vallée d'Aran et dans la Catalogne. — Dans le royaume d'Aragon, les pères ont, pour la disposition de leurs biens et l'exhérédation de leurs enfants, les mêmes pouvoirs que la loi des Douze Tables accordait aux Romains[1], et ils en usent au profit de l'aîné, dans tout le haut pays, dans la région vraiment pyrénéenne. — Une coutume semblable, régnant en Catalogne, y serait contenue par les lois dans de plus étroites limites. Mais, dans les deux pays, serait-il bien possible d'attribuer ces usages aux idées féodales, lorsque, tout à côté de l'Aragon, dans la Navarre, cet ancien pays des Vascons, où l'on parle encore le basque, la féodalité a amené un résultat contraire, l'égalité des partages, du moins dans le droit rustique, celui des laboureurs et de la majorité[2] ? Selon les *fueros* du royaume de Navarre, les *villains* ou villageois doivent, sur leurs biens-fonds, des parts égales à chacun de leurs enfants[3].

C'est, avec plus de rigueur, une disposition de la loi visigothique qui, en effet, domina dans la Navarre, ainsi qu'en Catalogne, mais qui fut de bonne heure remplacée, dans l'Aragon, par la loi romaine.

Ce que la féodalité n'a point fait dans la Navarre, où elle fut toute-puissante, comment l'aurait-elle fait dans la vallée d'Andorre, où elle fut sans accès, où cependant l'usage de constituer des aînés existe depuis des siècles, sans qu'il y ait apparence qu'aucune révolution, qu'aucune réforme même ait pu l'y introduire[4] ?

Il y a là des motifs de croire que la coutume d'avantager les aînés, dans la région pyrénéenne au moins, ne dérive pas de l'organisation féodale, ne date pas seulement du moyen âge,

[1] Merlin, *Rép. lég.*, sect. 1 et VI.
[2] *Leyes y fueros de Navarra*, Alonso, t. 1, p. 337 *in fine* et 338.
[3] *Fueros del reyno de Navarra... en Pamplona*, por Longas, año de 1815. *De donaciones*, II.
[4] *De l'Andorre*, p. 18 et 19.

mais qu'elle remonte aux prescriptions antérieures du vieux droit du pays.

Ajouterons-nous que cette coutume, alors qu'elle ne subsiste qu'associée à la préférence des mâles, est elle-même un reste dégénéré d'un droit d'aînesse antique, sans distinction de sexe, qui n'aurait pas été borné à la région occidentale, mais qui se serait étendu sur toute la chaîne, au nord et au midi des Pyrénées?

Il serait, je le crois, imprudent de l'affirmer, en l'absence de documents formels.

Nous avons bien la preuve que tous les peuples des Pyrénées, en général, ont joui, antérieurement à la conquête romaine, d'une civilisation relative, dont les traits sont communs. Le costume, l'alphabet, les monnaies, l'art des mineurs, rapprochaient notamment les Aquitains des Ibères ou peuples de l'Espagne[1]. On les voyait se fédérer entre eux[2] et se donner la main par-dessus les montagnes. Des institutions démocratiques pareilles ont porté jusqu'à nous le témoignage d'une vie de clan, qui ne différait pas tout le long de la chaîne, et dont le type se retrouve dans la vallée d'Andorre et chez les Biscayens. La langue basque paraît même avoir régné partout, bien qu'elle ne fût certainement pas la seule[3].

Mais de là à conclure à une identité dans le droit de famille, lorsqu'il est tel que nous l'avons exposé, il y a vraiment un trop grand pas à faire. Si ce droit, en définitive, doit être attribué au génie antique et singulier des Basques, il faut bien tenir compte de l'origine celtique, au moins pour la grande part, des autres populations pyrénéennes, qui les rattache, d'aussi loin qu'on voudra, aux Celtes proprement dits, habitants du centre de la Gaule, chez lesquels on ne voit pas que les femmes aient joui jamais d'aucun avantage excessif.

Quoi qu'il en soit, la condition des femmes, avant notre révo-

---

[1] César, Strabon, monnaies celtibériennes trouvées dans l'Aquitaine.

[2] Du moins depuis Sertorius.

[3] Des anciens noms géographiques de cette contrée, quelques-uns peuvent se rapporter au celte, un plus grand nombre au basque. Des racines basques persistent dans les noms de lieux actuels. Parmi les plus communes et les moins contestables, nous citerons: *ast*, rocher, pays de rochers; *asp*, lieu bas ou retiré par rapport à un autre lieu; *os, oso*; ce radical prend encore d'autres formes et paraît exprimer la sûreté et la salubrité.

lution, sur nos Pyrénées qui s'étendent à l'est de l'Adour, était de se voir primées, même par un frère cadet, dans la succession de leurs parents, qui ne supposaient point qu'une femelle pût conserver une maison et conduire une famille, à l'égal d'un enfant mâle.

Ce préjugé en faveur de la masculinité apparaît dans la plupart des coutumes du ressort de Bordeaux. A Bordeaux même, on voit restreindre le droit des filles, par diverses renonciations qu'elles peuvent faire à la succession paternelle[1].— A Bragerac, « si une fille s'est tenue pour contente de la dot que son père lui a baillée, bien que grevée en sa légitime, elle n'en pourra demander le supplément[2]. » — Mais nous sommes là chez des peuples d'origine purement gallique. Voyons chez les vrais Aquitains.

En droit noble, il est clair que les mâles sont préférés aux femelles : l'aîné des mâles hérite ; à défaut de mâles, la succession est tantôt déférée à l'aînée des femelles, comme en la ville et siége d'Acs, et tantôt partagée entre elles, comme en la prévôté de Saint-Sever[3].

Dans ces deux ressorts, le droit roturier se conforme, en principe, au droit noble, mais il y a de très-nombreuses exceptions.

Citons d'abord l'exclusion des femelles, avec *partage égal* entre les mâles, qui a lieu sur plusieurs points énumérés par la coutume d'Acs, notamment en la ville et vicomté de Tartas, et ès baronnies d'Albert[4] ; dans une multitude de localités désignées par la coutume de Saint-Sever, dans la ville de Saint-Sever elle-même[5] ; le même droit subsiste, au pays de Marsan, Tursan et Gabardan[6], où, même « aux biens fraternaux, le frère déboute la

---

[1] Coutumes de Bourdeaux, réformation de 1527, XIV.

[2] Statuts de Bragerac, 1334 ou 1337, LI et LV.—Cette exclusion de la fille dotée existe dans les coutumes d'Arles et du Midi. Laferrière, *Histoire du droit français*, t. VI, p. 402.

[3] Coutume d'Acs, rédaction de 1514, des successions *ab intestat*, I. — Coutume de Saint-Sever (1514), des testaments et successions, XIV, XXI.

[4] Coutume d'Acs, des successions *ab intestat*, XVIII.

[5] Coutume de Saint-Sever, des testaments et successions, XXX, XXXII.

[6] Là « les enfans mâles déboutent les femelles de tous biens avitins. » Ils les déboutent même des « acquêts, quand par le père n'y a été pourvu par testament ou autrement. » — « Les femelles sont mariées et dotées honnê-

sœur *ab intestat*, et en tous biens, et aussi par testament aux biens avitins. »

Dans quelques-unes de ces localités, les filles succèdent avec les mâles *aux biens maternels*[1]. Inégaux devant le père, les enfants sont du moins égaux devant la mère.

Nous sommes là en pleine Aquitaine, et pourtant en présence d'un principe probablement ancien de partage égal entre les enfants, qui rappellerait le droit gallique ; car, pour le droit germain, il ne saurait en être question dans un pays où les Francs ne firent jamais assez d'établissements pour que nous en tenions compte.

Ceci mérite quelque attention. Il semble, en effet, que le partage égal ait pu être ici, dans quelques lieux du moins, le point de départ du droit. Les filles elles-mêmes n'en auraient pas toujours été exclues, s'il en fallait juger par l'article suivant pris dans la coutume d'Acs :

« Es baronnies de Marensin, de Capbreton, Majesc... et ès paroisses de Soston et de Gorbie, les fils et filles succèdent ès biens ruraux par égales portions[2]. »

Mais voici qu'en l'an 1514, la coutume est ainsi réformée :

Du consentement des habitants, en ladite baronnie de Capbreton, doresnavant l'aîné mâle héritera et la femelle aînée à défaut de mâles[3].

C'est le privilège d'aînesse et de masculinité.

En lesdites baronnies de Majesc et paroisse de Gorbie succéderont, par égales portions, les mâles seuls, et, en défaut de mâles, les femelles[4].

C'est purement et simplement le droit de masculinité.

La réformation des coutumes de Bordeaux introduisant le droit d'aînesse, ou tout au moins celui de masculinité, là où ces droits n'existaient point, et cela du consentement des habitants,

---

tement. » — « Quant aux mâles *ab intestat*, ils succèdent également par viriles portions en tous biens avitins et acquêts... » — » Et ne peut le père avantager l'un fils plus que l'autre par testament ni autrement ès biens avitins. » Coutume du pays de Marsan, Tursan et Gabardan (original non daté ; copie tirée en 1604). *Des successions.*

[1] Par exemple dans la ville de Tartas.
[2] Coutume d'Acs, 1514, des successions *ab intestat*, XIII.
[3] *Ibid.*, XIV.
[4] *Ibid.*, XV.

témoigne assez clairement d'une pénétration des idées aristo-
cratiques dans les masses, bien plus que d'une influence féodale
directe, dont le temps était passé. N'est-ce pas qu'alors les *rustiques*, se voyant affranchis du plus lourd poids de la féodalité,
recherchent pour eux-mêmes certains priviléges, qu'ils lui em-
pruntent une organisation quasi nobiliaire de la famille ? On est
tenté de le croire, et ce mouvement, qui dut être général, a pu
produire, en pays de droit écrit, les avantages qu'on faisait aux
aînés ; là surtout où la loi romaine, régnant exclusivement,
laissait de grandes libertés aux testateurs, et où, par suite, une
réforme expresse ne fut pas nécessaire.

Il n'est pas besoin de dire que si l'esprit de réforme rencontra
sur son chemin le droit d'aînesse appliqué sans distinction de
sexe, il dut tendre à en dépouiller les femelles et à le maintenir
au profit du sexe mâle... Mais il importe, pour bien marquer la
zône où ce droit singulier a régné sans conteste, de rapporter les
lois qui, en l'abolissant pour l'avenir, en confirment l'existence
dans le passé.

Sans sortir du coutumier de Bordeaux, voici ce que nous lisons dans le courant des coutumes d'Acs :

« Ès autres paroisses ou vicomté de Marempne, que ledit
Soston, et en la baronnie de Saubusse, et ès paroisses de Sames,
Rivière et Josse, l'aîné, soit mâle ou femelle, succède univer-
sellement, en apportionnant les puisnez, comme dessus[1]. »

Et de suite :

« Mais doresnavant, du consentement des habitans desdites
baronnies de Saubusse et paroisses de Josse et Rivière, l'aîné
mâle succédera universellement, et, en défaut de mâle, la fille
aînée[2]... »

Il résulte formellement de ces articles, que le droit d'aînesse,
sans préférence de sexe, régnait encore, en l'an 1514, dans certains lieux compris entre l'ancienne et la nouvelle embouchure
de l'Adour, entre Dax et Bayonne. — Les habitants de Saubusse
sont les mêmes que les Sibuzates, mentionnés par César parmi

[1] Ce droit d'aînesse, sans préférence de sexe, se poursuit en ligne collatérale. — Dans les coutumes d'Acs, les successions collatérales sont ré-
glées, dans chaque lieu, suivant le principe qui préside aux successions dé-
férées aux descendants.
[2] Coutume d'Acs, 1514, des successions *ab intestat*, XVI, XVII.

les peuples qui envoyèrent des otages à Crassus, après sa seconde victoire dans l'Aquitaine.

La coutume de Bayonne, de la même année, renferme une sorte de compromis entre le partage égal et le privilége attribué à l'aîné. — Les enfants mâles et femelles succèdent également par têtes : « Excepté en la lar ou maison principale du défunt, obvenue de l'ayeul par succession..., laquelle, par la coutume, est due par préciput au mâle aîné, et, en défaut de mâle, à l'aînée femelle [1]. » — Le mâle est ici préféré ; mais en fut-il de même dans le droit antérieur ? Après ce que nous venons de voir tout à côté de Bayonne, il est permis de conjecturer le contraire.

Il n'y a pas de doute, pour le Béarn, que le droit d'aînesse sans distinction de sexe n'y fût anciennement admis.

Certes, il est frappant que ni le for général, ni celui de Morlas, qui sont très-étendus, ne disent un mot de l'ordre des successions, dans les biens rustiques. Mais cette lacune se trouve suffisamment comblée par le for réformé, en date de 1552, sous Henri II d'Albret, roi de Navarre, article 3 de la rubrique des successions.

Je traduis tout au long cet article, du béarnais vulgaire, à cause de sa grande importance :

« En noblesse (*gentilesse*), le premier fils mâle du mariage, ou la première femelle, si mâle n'y a, exclut ses autres frères ou sœurs, soit dudit mariage, soit des suivants, et succède universellement : car en Béarn noblesse ne se divise entre frères et sœurs, réservées les parts aux puînés. — Le même ordre sera observé et gardé dans les biens ruraux, généralement par tout le Béarn, sans pourtant comprendre dans le présent article les filles aînées, qui déjà sont mariées dans les maisons de leurs pères et mères, celles-là seulement ; et quant aux petits-fils, ils succéderont, le mâle excluant la femelle, comme dessus est dit. »

Cet article, par sa dernière disposition, exceptant de sa nouvelle loi les filles qui se trouvent déjà mariées dans leurs maisons natales, et ne commençant à porter que sur la génération suivante, fait assez entendre que jusqu'alors, dans le Béarn, les mâles et les femelles jouissaient indifféremment du droit d'aî-

---

[1] Coutume de Bayonne, 1514, successions légitimes, I, II, III.

nesse. C'est aussi l'explication qu'en donnent les commentateurs [1].

Mais à partir de ce moment le droit fut changé, la réforme entra si avant dans les mœurs, qu'aujourd'hui même, sous l'empire de nos codes, l'aîné mâle est préféré à tous ses frères et sœurs, dans le Béarn, notamment dans les vallées d'Ossau et d'Aspe. Dans la vallée de Baretous [2], voisine du pays basque, existerait l'usage d'instituer héritier le premier-né, mâle ou femelle.

Cet usage s'est aussi conservé dans la Navarre française, à Saint-Jean-Pied-de-Port [3], son ancienne capitale, et, je le présume, chez tous les Basques de France.

C'était, en effet, chez eux, le droit commun, traditionnel, antique, qui dura des siècles qu'il serait impossible de compter, qui vit passer devant lui le droit romain et le droit visigoth, le droit franc ou du moins le droit féodal, qui survécut à tout, qui se courba seulement sous ce niveau de la révolution, emblème du monde moderne et ruine de l'ancien monde, auquel rien, en France, n'a résisté.

La coutume de Labourt et la coutume de Soule, l'une de 1514 et l'autre de 1520, sont tout à fait explicites. Ecrites, la première en français, la seconde en dialecte béarnais, elles se suivent assez généralement et se répètent quelquefois mot pour mot. Les successions *ab intestat* y sont longuement traitées.

Selon la coutume de Labourt, « ès biens ruraux *avitins*, le premier enfant de loyal mariage succède à ses père et mère, soit fils ou fille. » (Art. 3.)

La coutume de Soule, qui contient la même disposition (19), l'applique aux maisons rurales ou pastorales.

Dans l'une comme dans l'autre, c'est le droit des pasteurs.

Le droit des nobles est différent. L'aîné des mâles hérite ; en défaut de mâles, c'est l'aînée des femelles, comme en Béarn.

« En maisons nobles, dit la coutume de Labourt,

« En maisons (et héritages) nobles, dit la coutume de Soule, et aussi en maisons féodales qui ne sont pas pastorales et autres

---

[1] D'après Hatoulet et Mazure. — Voyez surtout Noguès, p. 43, 44.
[2] Notamment à Arete.
[3] Au témoignage des notaires du pays.

maisons franches non nobles, ni féodales, qui proviennent de lignage (*papoadge*) ; »

Toutes deux : « Succède le premier mâle. » (Art. 1er.)

On voit que les distinctions féodales n'avaient pas laissé que de s'introduire chez les Basques de France et d'y modifier, pour partie du moins, la vieille législation du pays. On remarquera pourtant que la coutume de Soule, faisant un grand nombre d'exceptions à la règle nobiliaire, désigne nominativement quantité de maisons nobles, où le droit des pasteurs est suivi.

Dans la même succession, l'aîné, mâle ou femelle, succède aux biens ruraux, le premier mâle succède aux biens nobles. On s'attache à la qualité des biens plus qu'à celle des personnes.

Ces dispositions s'étendent à tous les descendants. Elles s'étendent aux collatéraux, à défaut de descendants, en ayant soin de n'attribuer les biens qu'à la ligne d'où ils viennent. La représentation est partout admise.

Mais les *acquêts* suivent des lois différentes :

« En acquêts du décédé sans faire testament, tous enfants de loyal mariage succèdent par égales portions [1]. »

A défaut d'enfants, les acquêts du défunt passent aux père et mère, ou à l'un d'eux entièrement, en défaut de l'autre, et, en défaut de père et de mère, aux plus proches parents du défunt [2].

En la succession des acquêts, sont préférés les frères et sœurs d'un seul côté à tous oncles et tantes, mais non aux frères germains et descendants d'eux ; même disposition dans la coutume de Navarre [3]. Les affections de la nature sont bien plus consultées dans cet ordre que ne le sont les exigences coutumières ordinaires.

D'où il résulte que, dans les deux pays de Labourt et de Soule, le vieux droit absolu de primogéniture sans distinction de sexe, non-seulement ne s'applique pas toujours, mais encore, lorsqu'il s'applique, n'est jamais étendu, comme à Barège, à toute sorte de biens, quelle qu'en soit la provenance.

Les détails me manquent pour la Biscaye. Selon le for daté de 1526, le père ou la mère peuvent choisir pour héritier l'un de leurs fils ou filles ou descendants d'eux, en laissant aux au-

---

[1] Labourt, VI, et Soule, XXII.
[2] Labourt, VII, et Soule, XXIII.
[3] Des testaments et successions, XV.

tres une portion de terre grande ou petite[1]. — Ce for fut rédigé
sous Charles-Quint, par voie de réformation d'une loi plus ancienne, tombée en partie en désuétude, et qui avait été, dit-on,
écrite dans un temps de trouble. Il paraîtrait que le nouveau for
apportait de grands changements aux règlements antérieurs[2].

Quoi qu'il en soit, l'auteur espagnol d'une histoire des nations
basques, Zamacola, rapporte expressément l'usage où seraient
quelques familles biscayennes[3] d'avantager l'aîné de leurs enfants, fils ou fille. Bien que l'autorité de cet écrivain soit con-
testable, il est difficile de la récuser, lorsqu'il invoque une coutume de son pays et de notre temps. Elle est d'ailleurs confirmée
dans un voyage en Navarre, publié par M. Chaho[4].

C'est donc toujours à Barège qu'il faut en revenir, pour
trouver dans son intégrité, dans sa rigueur, cet antique droit de
primogéniture, qui ne distingue point entre les sexes.

La coutume de Lavedan et autres lieux admet bien le même
principe, mais elle y souffre certaines exceptions. Ainsi, dans le
marquisat de Bénac et dans le pays de Rivière-Ousse, auquel il
faut rapporter Lourdes, les gendres et brus peuvent instituer
héritier de leurs biens tel de leurs enfants qu'ils jugeront à propos. En défaut de disposition de leur part, la succession se divise
par égales portions entre tous les enfants[5]. — C'est une concession à la nature, conforme aux lois romaines. — La ville de Lourdes présente, au contraire, une anomalie féodale. Dans cette
ville, selon l'article 8, il y a une seule rue, appelée *du Bourg*, où
l'aîné des mâles exclut toujours les femelles. — Enfin, dans le
Lavedan, le pécule *castrense ou quasi castrense* est excepté de la
coutume, et le droit écrit en détermine la transmission hérédi-
taire. Ce pécule consiste, d'après l'article 7, en « acquêts faits à
la guerre ou autrement, par les fils de famille ou gendres, nobles, docteurs, avocats, médecins, prêtres ou autres personnes
sacrées. »

Cet article, parlant nommément des nobles et les exceptant

---

[1] *El fuero..., de Viscaya*, tit. **XX**; dots, donations, etc.

[2] Texte du for.

[3] *Historia de las naciones bascas...* Zamacola, Auch, 1818 (epoca tercera, capitulo tercero). *Fueros y reglamentos antiguos de los Bascos.*

[4] P. 390, 391.

[5] Coutume du pays de Lavedan, etc., art. 10.

de la coutume générale, pour le pécule, les y suppose compris pour le surplus. C'est ce qui résulterait aussi d'un arrêt au Parlement de Toulouse de 1753, d'un jugement au sénéchal de Bigorre, suivi d'une transaction en appel, de 1757 [1]. Cependant les nobles prétendaient le contraire, c'est-à-dire qu'ils n'étaient point soumis aux coutumes de Lavedan et Barège, qu'ils pouvaient par suite, selon l'esprit de leur ordre, favoriser les mâles, à l'exclusion des femelles. Cette prétention donna lieu à une enquête, en 1494. Mais ce ne fut qu'en 1768, lors de la réforme simultanée des coutumes de Barège et Lavedan, qu'elle fut définitivement reconnue. « Conformément à la délibération des gens des trois états du pays et comté de Bigorre, en date du 13 décembre 1767, » il fut réglé que « les nobles, soit ecclésiastiques, soit laïques, disposeraient librement de leurs biens suivant le droit écrit. »

Toutefois cette rédaction ne pouvait point tirer à conséquence pour les procès déjà pendants, ni préjudicier aucunement aux droits respectifs des parties…

Ainsi, la vieille prétention nobiliaire ne triomphait finalement, en Lavedan, à Barège, que la veille du jour où la noblesse elle-même s'abîmait dans la révolution.

CHAPITRE III. — LE MARI DOTAL.

Régime du mariage à Barège. — Chez les Basques. — Rôle de la femme. — Mœurs dont il témoigne. — Puissance maritale.

Après avoir traité de l'ordre des successions, cette base essentielle du droit de la famille, il importe que nous soyons fixés sur les conditions du mariage, tel qu'il a existé dans l'antique société des montagnes de Barège.

Il y avait là trois régimes différents : selon qu'un héritier épousait une cadette, ou qu'une héritière s'associait à un cadet; ou qu'enfin deux cadets trouvaient à propos d'unir leur destinée pour fonder une maison nouvelle.

On ne supposait point qu'un héritier se mariât avec une héritière, parce que, dans ce cas, l'une des deux maisons se fût

---

[1] Noguès, p. 19 et suiv.

éteinte, et c'est ce que la coutume et l'usage voulaient également éviter. On ne cherchait point à constituer de grandes fortunes, à concentrer les biens dans quelques mains, mais à conserver sans nulle altération les maisons anciennes, les patrimoines, les noms. Je vois un acte où il est fait mention d'une veuve sans enfants, qui « désire que la mémoire de sa maison subsiste [1]. » C'est la préoccupation générale. On la retrouve dans l'Andorre. On la retrouve dans la Suisse. Car toutes les républiques ont l'esprit conservateur, les mœurs devant maintenir un état de société que la force n'impose pas.

Chez les Basques, ces républicains de vieille date, un héritier n'eût pas non plus épousé une héritière. Une alliance de ce genre ayant été une fois contractée dans la Soule, aucun des deux époux ne voulait quitter sa maison pour aller trouver l'autre; chacun tenait à ses pénates, et à cultiver, au foyer domestique, la mémoire de ses aïeux. La superstition, à laquelle ces peuples n'ont que trop sacrifié, s'en mêlait à son tour, et les Navarrais rustiques des environs de Saint-Jean-Pied-de-Port sont encore persuadés que le mariage d'un héritier avec une héritière ne peut que porter malheur aux deux époux [2].

L'héritier donc, chez tous ces montagnards, prenait pour femme, non pas celle que lui eût désignée sa fortune, mais une cadette, dont la dot était toujours restreinte, à laquelle il demandait surtout des mœurs, la vigueur, la beauté, ce qui sert au ménage, ce qui plaît à l'époux.

Fallait-il pourvoir une héritière, les mêmes vues présidaient à son établissement, et, d'un côté du moins, l'alliance était désintéressée; elle pouvait dériver d'un penchant, d'une affection, d'une appréciation des qualités solides, qui font le bon époux, le bon père de famille.

Cette union d'une héritière avec un cadet est celle qui doit nous occuper, parce que seule elle offre, à Barège, un caractère vraiment original. Que deux cadets se mariassent, ils convenaient habituellement d'une communauté des acquêts. Qu'un héritier épousât une fille puînée, il la recevait dotale avec les conséquences. Mais l'héritière, en prenant un cadet pour époux,

[1] *La coutume de Barège conférée avec les usages ou coutume non écrite du pays du Lavedan...*, par Noguès. Toulouse, p. 135.

[2] Témoignages recueillis dans le pays.

4

jouissait, dans son mariage, de droits et priviléges si grands, qu'il est indispensable de nous y arrêter pour les bien définir.

C'était, comme nous l'avons vu, le droit des filles aînées, dans la vallée de Barège, de représenter leur maison. Dans la famille, elles avaient le patrimoine accompagné de la maîtrise des cadets. Elles jouissaient, dans la société, des prérogatives attachées d'ordinaire à la qualité de chef de famille. Ainsi, avant comme après leur mariage, elles figuraient à la tête de leurs parents dans les cérémonies auxquelles on les conviait, telles que bénédictions nuptiales ou devoirs rendus aux morts. — Un des signes sensibles de l'infériorité de la femme parmi nous, c'est qu'elle perd son nom, c'est-à-dire sa personnalité, en se mariant. L'héritière de Barège conservait le sien, le donnait à son époux, le transmettait à ses enfants. Voici de quelle manière le commentateur Noguès apprécie ce notable privilége :

« Il y a encore ceci de remarquable dans notre pays, dit-il, que les puînés-gendres prennent le nom des familles de leurs épouses et que les enfants qui en descendent le portent aussi, par préférence à celui de leur père. Cela se pratique d'ordinaire, quoique d'ailleurs ce ne soit pas là une obligation indispensable ; mais quand cela serait un usage auquel il faudrait se soumettre, le mal ne serait pas, suivant moi, bien grand ; et je regarderais certainement comme déplacée la délicatesse que des cadets (peu aisés pour la plupart) se feraient de porter avec le leur et faire porter à leurs enfants un nom auquel ils seraient redevables de leur fortune, ou du moins de leur bien-être[1]. »

Dans cette manière de voir, toute conforme à la tradition de Barège, le mari de l'héritière ne jouait auprès de sa femme qu'un rôle très-secondaire, et ce rôle, accepté par les mœurs, lui était, au fond, imposé par la loi.

Venu chez elle, avec sa légitime, une petite somme d'argent, il ne disposait pas même de ce très-mince avoir. Cette légitime ou dot était remise à sa femme ou bien à ses parents, qui en donnaient quittance à l'héritier de la maison de l'époux. Elle demeurait sans doute hypothéquée sur tous les biens de la maison de l'épouse pour le retour éventuel, en cas de dissolu-

---

[1] Noguès, *loc. cit.*, p. 39 et 40.

tion du mariage sans enfants ; mais, en attendant, ce capital, apporté par l'époux, se trouvait absorbé, distrait, sans fruits pour lui, et l'on considérait qu'il était assez indemnisé pour être logé, nourri et vêtu chez sa femme sans bourse délier [1].

Il n'est guère besoin de dire que le mari de l'héritière ne pouvait aliéner les biens appartenant à sa femme, sans le consentement de celle-ci. Cependant la coutume de Barège, mais non celle du Lavedan, validait les aliénations ainsi faites « pour payer les dettes passives des maisons, » en cas de nécessité ou d'utilité réelle et prouvée [2].

Il ne pouvait pas davantage obliger sa femme, en contractant à son insu, à moins que ses obligations n'eussent tourné au profit de celle-ci ou de sa famille ; et le commentateur ajoute : « Ainsi qu'il est décidé dans le droit, à l'égard des pères de famille et des maîtres, pour ce dont ils ont profité par les traités ou contrats consentis par leurs enfants non émancipés et leurs esclaves [3]. »

Ainsi le gendre, l'époux de l'héritière, se voyait assimilé, sur ce point, au fils romain ou à l'esclave. Cette assimilation était fondée sur un rapport de position. Car si le fils ne pouvait faire d'acquisition que pour son père, si l'esclave n'en pouvait faire que pour son maître, de même le gendre ne pouvait acquérir que pour la maison dans laquelle il était établi.

L'héritière, au contraire, avait toute liberté d'aliéner, de consentir toutes sortes de contrats, d'ester en jugement pour demander ou défendre, sans l'autorisation de son mari. Cette autorisation était assez d'usage ; mais la plupart des contrats portent qu'elle n'est donnée « qu'en cas de besoing, » c'est-à-dire surabondamment et par exubérance de droit [4]. Dans cette matière, on suivait la loi romaine et l'héritière avait les droits de la femme paraphernale.

Ce sont surtout les articles 11 et 19 de la coutume de Barège qui font ressortir la misérable condition du mari. On y voit que

---

[1] Ancienne coutume de Barège, art. 11, 19, 20. Coutumes anciennes et nouvelles de Barège, du pays du Lavedan et autres lieux dépendant de la province de Bigorre. Bagnères, 1837.

[2] Ancienne coutume de Barège, art. 10.

[3] Noguès, *loc. cit.*, p. 226.

[4] Noguès, *ibid.*, p. 232.

le gendre qui survit à son épouse et n'a point d'enfants, lorsqu'il se retire de la maison où il était entré, ne peut demander
que la restitution de sa dot et n'a rien à prétendre non plus que
n'aurait son héritier sur les améliorations qu'il peut avoir faites
dans la maison de sa femme. Ce qui est dit du gendre ou mari
de l'héritière s'applique également à la bru ou à la cadette
qui a épousé un héritier. Je ne saurais mieux faire, pour relever
le vice de ces dispositions, que de citer les propres paroles de
Noguès, qui, à sa qualité de savant jurisconsulte, joint celle de
témoin éclairé des mœurs de ses compatriotes :

« Ainsi, dit-il, aux termes de cet article 19, un gendre aurait
beau avoir fait, par son travail et industrie ou par sa profession,
des améliorations considérables (sur les biens de sa femme),
cela ne lui servirait de rien dans le cas proposé, et il ne devrait
pas moins se borner à sa seule légitime : c'est là la règle. Cette
disposition paraît certainement bien dure, car il peut arriver
qu'un gendre ou une bru, après avoir passé leurs plus belles
années à travailler dans la maison où ils étaient mariés, à en
faire valoir les biens par leur travail et économie, soient obligés,
par le décès de la femme ou du mari et par le défaut d'enfants,
de sortir de la maison avec leur chétive légitime, quelquefois
dans un temps où des infirmités et l'âge avancé leur laissent à
peine espérer de trouver une retraite dans leur maison paternelle, tandis que l'héritier de la femme ou du mari desdits
gendre ou bru jouira tranquillement des biens que l'un ou
l'autre lui auront conservés et augmentés à la sueur de leur
front.

« On ne saurait en disconvenir ; une pareille situation est
bien triste et fâcheuse ! La coutume elle-même, toute favorable
qu'elle est pour les héritiers du sang, reconnaissant tout ce que
cette disposition de l'article 19 a de dur, n'a pu se dispenser
d'indiquer, au même article, une voie pour prévenir ce fâcheux
inconvénient : c'est d'accorder aux femmes et maris des gendres
et brus la liberté de leur donner ou léguer ce dont il est permis
de disposer ; c'est le sens qu'il faut donner à ce qui est dit en
l'article 19 cité, que les gendres et brus ne peuvent prétendre
que la restitution de leurs dots et *légats qu'on leur aura consentis.*
Mais il arrive rarement que les héritiers et héritières usent de
cette liberté avec discrétion, comme si ce n'était pas un devoir

qu'exige d'eux autant l'humanité que la religion, de ne pas laisser manquer des personnes avec qui ils ont été si intimement unis, avec qui, selon l'expression de l'Ecriture, ils n'ont dû faire qu'un même esprit et un même cœur : *Duo in carne una* [1].

Il résulte de cette appréciation, qui ne paraît point avoir été dictée par un esprit prévenu, que les héritiers et les héritières de Barège se préoccupaient davantage de l'intérêt de leur maison que des devoirs ordinaires de l'association conjugale; en d'autres termes, que le peuple de Barège maintint jusqu'à la fin, avec une rigueur trop souvent inhumaine, l'antique principe de la conservation des biens et des maisons auquel toute la coutume était subordonnée. Il en résulte aussi que le sexe de l'époux ne modifiait nullement les duretés de la loi et que le mari, dès lors qu'il était dotal, ayant à les subir, il eût pu se croire lésé dans ses intérêts, non moins que froissé dans son orgueil, si les mœurs et l'opinion publique n'eussent de tout temps consacré sa sujétion.

Sa position comme père n'était pas plus heureuse. Devenu veuf, il avait l'administration et l'usufruit des biens que ses enfants tenaient de leur mère, jusqu'à leur mariage ou leur majorité fixée à vingt-cinq ans. Noguès croyait pouvoir lui conserver ces droits sa vie durant, comme étant un effet de la puissance paternelle. Mais cette considération de puissance, si forte en droit écrit, était, ou peu s'en faut, totalement étrangère à la coutume de Barège. La preuve, c'est que le gendre survivant à sa femme, s'il quittait la maison, était tenu d'y laisser ses enfants sous la garde des proches parents de leur mère; il cessait d'administrer leurs biens et d'en jouir et devait même leur abandonner la moitié de sa dot [2]. On sait d'ailleurs qu'il n'était point leur héritier *ab intestat* [3].

---

[1] « La coutume de Lavedan, qui dispose comme celle de Barège sur cette question, avec la même rigueur à l'égard des gendres, fait une exception en faveur des gendres nobles, docteurs, avocats et médecins. Elle permet à ceux-ci, quoique gendres, de disposer des acquisitions qu'ils peuvent avoir faites dans leur profession. » Noguès, *loc. cit.*, p. 241-245.

[2] Art. 25.

[3] Art. 19. — Les gendres (ou *nores*) peuvent recevoir des legs de leurs enfants. Mais, pour que les enfants puissent tester valablement, il faut : 1° qu'ils soient en âge (douze ou quatorze ans, selon le sexe); 2° qu'ils soient émancipés. (Noguès.)

Enfin, si le gendre n'a point de raisons valables pour quitter la maison, du vivant de sa femme, il ne peut assurément pas l'emmener, si elle s'y refuse. Lui-même peut-il sortir? Il semble qu'il ne le puisse pas et qu'alors il soit enchaîné comme un serf à la terre, au patrimoine, au service de celle-ci. Noguès ne s'explique pas clairement sur ce cas. Je présumerais pourtant que le gendre pouvait s'éloigner, mais en perdant ses droits. Sa femme, ses enfants, sa légitime, demeuraient attachés au foyer conjugal [1].

Cet exposé de la loi rend assez vraisemblable l'opinion de ceux qui soutiennent, dans le pays, que le mari de l'héritière n'était, après tout, que le premier domestique de sa femme, son berger, au plus son homme d'affaires. Venu dans la maison riche, avec sa cape et sa houlette, peut-être avec une légitime, toujours faible, il n'avait apporté que son travail, sa personne et l'espoir d'une postérité. On ne le considérait jamais beaucoup. Dans telles maisons que l'on cite, il n'y eut, dans le cours de plusieurs générations, que des héritières et point d'héritier : les femmes régnèrent, les mâles passèrent inaperçus en leur qualité de cadets. — D'autres personnes, tout en convenant que le mari de l'héritière se trouvait, par cela même, assez subordonné à son beau-père, à sa belle-mère, à sa femme, réclament pourtant en sa faveur. Le mari, disent-elles, administrait souvent. L'héritière lui témoignait beaucoup de respect; elle ne le tutoyait point, à moins qu'elle ne fût de son âge et n'eût été élevée avec lui, dans la familiarité des montagnes. On veut bien que la femme continuât à représenter sa maison par elle-même; aux yeux de la société, c'était elle, non son mari, qui la personnifiait. Dans les relations de famille à famille, elle intervenait seule : à elle de recevoir, de rendre ces compliments de joie ou de deuil, qui accompagnent les grands événements de la vie privée. Elle était la première en toutes ces choses ; son mari n'était que le second. Mais on ajoute que, par conciliation des droits de la femme avec la dignité de l'homme, elle lui cédait le soin extérieur des affaires, se réservant le règlement du ménage, opérant cette division du travail que la nature commande entre les deux sexes. Selon ces mêmes personnes, la femme assurément avait paru capable, aussi bien que l'homme, de

[1] Noguès, *loc. cit.*, p. 440 et suiv.

continuer une maison, d'en soutenir l'honneur, la position, la fortune. Associée avec un époux, elle retenait son nom d'origine qu'elle transmettait intact à ses enfants. Et cependant cet époux ne disparaissait pas tout à fait dans la personnalité de sa femme; il recevait en respect, en autorité dans les affaires, au dehors comme au dedans, ce qui lui était dû.

Que ce soit là la tradition d'un fait assez commun, tempérant, par les mœurs, ce que la loi pouvait avoir au fond de trop rigide, je suis disposé à le croire. Toujours est-il que, dans l'une comme dans l'autre opinion, la supériorité de l'héritière sur son mari demeure incontestable.

Une semblable inégalité se retrouve sans doute chez tous les peuples, chaque fois qu'une fille de famille accepte pour époux un homme qui lui est inférieur en condition ou en fortune. Mais entraînât-elle les mêmes conséquences, il y a loin d'un accident rare, d'une exception malsonnante, à une règle universellement admise et approuvée.

Il existerait pourtant un usage analogue chez les Malais, peuple de l'Océanie [1]. A Timor, le mari d'une femme de condition supérieure à la sienne entre chez son beau-père à titre de commensal de moindre rang. Le beau-père a sur lui les droits les plus étendus. Dans ce cas, la femme conserve une grande supériorité sur le mari. Aux Carolines, dont la langue est voisine du malais, celui qui a l'honneur d'épouser la fille d'un chef lui témoigne le plus grand respect ainsi qu'à ses enfants, qui suivent la condition de la mère, et en général les enfants suivent la condition de celui de leurs parents qui est le plus élevé en rang. Il est bon d'ajouter que les insulaires des Carolines sont pleins de déférence pour la maternité, et que les voyageurs confirment l'opinion favorable qu'un pareil sentiment fait tout d'abord concevoir de leur caractère [2].

Si nous reprenons nos recherches dans les Pyrénées, nous y verrons la femme ordinairement mariée sous le régime dotal. C'était le droit commun du ressort de Toulouse. A Auch, il s'appliquait en toute sévérité : « Item est coutume que les femmes de la ville et cité d'Auch ne gaigneront rien des biens du mari, le mariage durant, vû qu'elles ne peuvent rien perdre, ains

---

[1] De Freycinet, *Voyage autour du monde*, 1817-1820.
[2] *Ibid.*

ayent leur dot[1]... » A Lectoure et pays de Lomagne, les femmes étaient admises à certains avantages plus ou moins étendus, connus en général sous le nom d'*augment de dot*[2]. C'était une forme du douaire, si commun en Espagne, où il devait son origine aux Visigoths. Les arrhes que le mari constitue à sa femme, selon le for de Navarre, ne sont pas autre chose[3]. On voit, dans le même for, que la communauté d'acquêts, tant parmi les nobles que parmi les vilains[4], était de règle en Navarre, à une date fort ancienne[5]. Nous en retrouvons l'usage dans l'Aragon et dans la Catalogne. En France, on l'admettait parfois au ressort de Bordeaux[6]. A Bordeaux même, cette société était de pacte, non de coutume[7]. Mais en Saintonge, elle était de coutume[8]. Au contraire, dans le pays de Marsan, Tursan et Gabardan, il n'y avait point de communauté entre époux, mais la femme avait douaire[9]. A Saint-Sever, rigueur plus grande : point de communauté ; le mari gagne les fruits de la dot de sa femme et les améliorations qu'il a faites[10]. Adoucissement à Bayonne : « Conjoints par mariage, dès la bénédiction nuptiale reçue en face de sainte mère Eglise, sont communs en tous acquêts, tant meubles qu'immeubles, faits durant et constant leur mariage[11]. »

[1] Auch, coutume de 1301, art. 52. *Notices historiques sur la ville de Lectoure*, par M. Cassassoles, substitut du procureur du roi. Auch, 1839. Pièces justificatives, p. 2.

[2] *Ibid.*, pièces justificatives, p. 2.

[3] Les arrhes (*arras*) sont les immeubles constitués en douaire à la femme noble par son mari. La vilaine n'a point d'arrhes. *Fueros del reyno de Navarra... en Pamplona*, por Longas, año de 1815. *De casamientos*, I.

[4] *Ibid. De compras*, XIV ; *De fuerzas de mugeres*, VII ; *De heredat.*, XII, etc.

[5] Le for de Navarre fut juré en 1104, peut-être en 1076, par le roi de Pampelune et d'Aragon. Mais toutes les dispositions du for ne sont sans doute pas de cette époque.

[6] Voir les coutumes réformées de ce ressort du seizième siècle.

[7] Coutumes de Bourdeaux, 1527 ; retrait lignager, XXIII.

[8] Usance de Saintonge entre Mer et Charente (Mer est là pour Garonne), XLIX ; coutume de Saintonge, Saint-Jean-d'Angeli, 1520 ; des donations en faveur du mariage, etc., IV.

[9] Coutume du pays de Marsan, Tursan et Gabardan (original non daté, copie tirée en 1604).

[10] Coutume de Saint-Sever, 1514, des dots, XIII, XVI.

[11] Coutume de Bayonne, 1514, d'assignations de dots, XXIV.

Il serait long et pénible de définir, pour chaque lieu des régions sous-pyrénéennes, la position habituelle que le mariage faisait à la femme. Qu'il nous suffise de la reconnaître généralement dotale, ayant çà et là des avantages sur les biens du mari, appelée parfois, dans la zone de Bordeaux, au partage des acquêts, favorisée en Espagne sous ce double rapport. Tel était le droit commun, si tant est que l'on puisse nommer quelque chose de semblable, dans une telle variété de législations et de mœurs.

Toujours est-il que sur ce fond du droit, si divers qu'il puisse être, le mari dotal de Barège et de Lavedan apparaît constamment comme une anomalie dont on ne peut espérer de retrouver des exemples que là où le droit d'aînesse, s'appliquant comme à Barège, créait aux femmes un rôle privilégié.

Nous avons vu certaines localités des Landes appeler jadis les femmes aux bénéfices du droit d'aînesse, de pair avec les mâles. La coutume d'Acs, qui le relate, laisse aussi supposer que le mari pouvait être dotal. Il y est dit, en termes généraux, que le *conjoint dotal* recouvre sa dot à la dissolution du mariage sans enfants. S'il y a enfants, il n'a qu'un droit d'usufruit sur les biens du décédé ; et s'il convole, il doit renoncer à cet usufruit, et ne peut emporter avec lui que la moitié de sa dot [1]. C'est précisément la loi barégeoise.

Dans le Béarn, selon les anciens fors, la femme n'a aucun droit sur les acquêts du mariage ; lorsqu'il n'y a point d'enfants issus de ce mariage, son mari mort, elle recouvre simplement sa dot [2]. Lorsqu'il y a des enfants, son droit, c'est une jouissance. Quoique menant une mauvaise vie, la veuve ne peut perdre la jouissance des biens qui doivent retourner à ses enfants [3]. — Elle est d'ailleurs très-sujette. Le mari peut toujours requérir sa femme de venir le trouver. Il n'importe qu'il ait les premiers torts [4]. — La femme ne peut tester, puisqu'elle est en pouvoir de mari [5] ?

---

[1] Coutumes d'Acs, tit. IV, *Des dots et donations pour nopces et autres droits de mariage.*

[2] For général. De mari et femme, art. 256, rubrique 83.

[3] For de Morlas, rubrique 94, art. 291.

[4] For de Morlas, rubrique 94, art. 292.

[5] For général, rubrique 83, art. 261.

Selon le for réformé, « la femme peut tester de ses biens autres que dotaux en faveur de son mari, de ses enfants, de ses parents et pour son âme [1]. — Elle n'a toujours aucun droit sur les acquêts du mariage [2]. »

Ces principes sont certainement applicables aux époux nobles et bourgeois. Mais le législateur béarnais semble se taire sur les unions contractées dans les campagnes. Déjà nous avons vu que l'ordre des successions aux biens ruraux n'est pas même abordé par les anciens fors, et le for de Henri II ne nous en a instruits que très-incidemment. Cet ordre, essentiellement remarquable, puisqu'il est identique à celui de Barège, ne se trouvant pas mentionné, il y a lieu de croire que la meilleure partie de la législation rurale est omise dans ces documents. Il en doit être ainsi du mariage des campagnes, qui n'a pu être traité avec celui de la noblesse et des villes. Il se peut donc qu'une législation conforme à celle des Barégeois présidât autrefois aux unions du Béarn. Les fors nous laissent, à cet égard, dans une entière liberté d'hypothèse.

Mais la dotalité du mari, incertaine dans le Béarn, est parfaitement établie chez tous les Basques de France, où elle accompagnait, de temps immémorial, le droit d'aînesse sans distinction de sexe [3]. Seulement le mari, en compensation de la dot qu'il versait dans la famille de sa femme, obtenait certains avantages. Il devenait, jusqu'à un certain point, co-seigneur de ses biens de lignée [4]. Remarquons que ce qui était accordé au mari, dont les apports avaient le caractère dotal, était également concédé à la femme lorsqu'elle se trouvait dans une position correspondante. Si les deux époux, deux cadets, se portaient respectivement une dot, le survivant [5], à défaut d'enfants, héri-

---

[1] For de Henri II (d'Albret), roi de Navarre, 1552. De mari et femme, art. 17.

[2] *Ibid.*, art. 1.

[3] Selon le for de Biscaye (1526), les époux sont communs aux acquêts. L'apport du mari peut être dotal? *El fuero... de Viscaya*, Bilbao, 1643, t. XX. Dots, donations, etc.

[4] Titres *Des droits de mariage* dans les coutumes de Labourt et de Soule. Titres *De pay et filh* et *De matrimonys* dans les coutumes de Navarre (1611).

[5] *Lo survivent dèus qui se marideran soll a solte.* Los fors et costumas deu royaume de Navarre deçà ports, à Pau, 1722, *De matrimonys*, IV. — La Navarre en deçà des *ports* est la Navarre française. *Port* signifie *montagne* dans toutes les Pyrénées, et il y a lieu de croire que le mot est basque.

tait de la dot de son conjoint et de la totalité des acquêts, du moins dans la Navarre. Ce gain de survie n'appartenait pas moins à la femme qu'au mari. C'est cette égalité, cette réciprocité de droits, dans les deux sexes, qui forme, comme on le voit, le trait constant de toutes ces législations, qui est le fait capital, essentiel, sur lequel nous ne saurions plus conserver aucun doute et qui mérite de fixer toute notre attention.

En effet, il ne s'agit pas seulement de constater un grand fait juridique, aussi remarquable en lui-même que par son ancienneté, il faut encore en chercher la relation avec le caractère total des peuples qui l'ont admis. Ceux qui marquèrent tant de déférence pour les femmes, qui leur firent, tout au moins dans la vie privée, une place si importante, offrent-ils à l'histoire un génie à part qui les distingue des peuples chez lesquels on ne trouve point d'institutions semblables? Telle est la question que nous devons examiner.

A ne consulter que la logique, là où les femmes ont des droits, de l'influence, du pouvoir, il y a, par cela même, des signes d'équité, de douceur. Une société qui tient un si grand compte du sexe le plus faible n'est peut-être ni violente, ni brutale, ni tout à fait barbare. Son génie est plutôt sédentaire, conservateur et pacifique. Avant de montrer que tel fut le vrai caractère des anciens habitants des Pyrénées occidentales, j'appuierai cette vue d'un exemple contemporain puisé dans l'histoire des voyages.

Aux îles Mariannes, selon M. de Freycinet, les femmes jouissent d'un honneur qu'on ne leur fit point à Rome, où la parenté se comptait exclusivement par les mâles. Ces insulaires l'établissent principalement par les femmes. Chez eux, ce sont elles qui décident des mariages. La plus âgée des parentes préside à toutes les relations de famille. Si le mari vient à mourir, sa veuve prend en main les enfants et toute la fortune du défunt. Le mari survivant à la femme, les parentes de celle-ci disposent des enfants et des biens du mari. Les enfants sont donc à la mère, aux femmes de sa famille, non au père. D'après cela, on comprend que la fille mère qui prend un époux voie toujours sa postérité acceptée au foyer de celui-ci. Le mariage est une association et non une tyrannie, jalouse du passé même. Chaque époux a le même droit d'obtenir le divorce pour motif d'incompatibilité. Le mari adultère est chassé de la demeure conjugale, aussi bien que le serait la femme tombée dans la même faute. Libre de venger son offense sur le séducteur de sa femme, le mari n'a contre elle que le droit de l'expulser. Que le divorce soit imputable à l'un ou l'autre époux, les enfants suivent la femme et considèrent, au besoin, son second mari comme leur père. Le lien naturel de la maternité forme le nœud de ce droit de famille [1].

A ceux qui verraient là la marque d'un état primitif, nous montrerons du moins que cet état comporte des mœurs fort douces, dont la chevalerie même ne pourrait nous donner qu'un imparfait modèle. Ainsi les femmes des Mariannes ont, aux solennités de noces, la préséance sur les hommes et s'asseyent les premières suivant l'ordre marqué par leur âge. Si une femme se trouve engagée dans une querelle, elle est aussitôt secourue par tous les hommes. Ceux qui les honorent et les protégent ainsi vont jusqu'à se dépouiller pour elles. La demande qu'une femme fait à son parent, d'un champ, d'un ustensile, d'une chose qui lui est nécessaire, est toujours accueillie sans qu'elle ait à craindre aucune prétention en retour.

Enfin, joignant l'autorité publique à l'influence privée, les femmes des îles Mariannes, siégent dans les conseils et dans les tribunaux, et ne demeurent étrangères qu'aux travaux de la force, la guerre, la navigation ou la conduite des pirogues.

Veut-on savoir maintenant si le génie de la nation se trouve être en rapport avec de telles prémisses, les voyageurs témoignent que les hommes (ceux du moins de la classe supérieure) sont doux, hospitaliers, haïssant l'adultère, qu'ils ont horreur du vol et de l'homicide. Excellents pères, ce n'est point par l'effet d'un sauvage abandon qu'ils investissent leurs femmes du soin et de la direction des enfants. Ceux-ci jouissent même, parmi eux, de certaines prérogatives de tendresse. Il suffit de leur faire un présent pour se lier par là leur famille. Celui qui sauve un enfant reçoit un prix et devient l'ami de sa famille, sur laquelle il a désormais des droits analogues à ceux de la parenté.

On ne sera point étonné que des peuples d'un génie si doux

[1] De Freycinet, *Voyage autour du monde*, 1817-1820.

n'aient point connu les guerres de conquête et que, mis en demeure de se défendre, ils se soient montrés humains après la
victoire. Dans leurs guerres entre eux, dit Le Gobien, « on dirait
qu'ils ont peur de se faire mal ou d'ensanglanter le champ de
bataille. » Mais, comme l'humanité n'est point la lâcheté, ces
mêmes peuples firent preuve, contre les Espagnols, d'assez de
résolution et de courage.

S'il est vrai qu'il n'y a aucun mot dans la langue des îles
Mariannes pour désigner la Divinité, et que les habitants, aussi
affectueux pour leurs ancêtres qu'ils le sont pour leur postérité,
se bornent à rendre un culte aux âmes de leurs morts, on peut
regretter cette étonnante lacune, qui laisse d'ailleurs toutes leurs
vertus intactes.

Le dialecte de ces peuples se rapproche du malais [1]. Leur teint
est basané, point sombre ; leur chevelure noire et lisse. La race
malaise est très-intelligente et, dans certaines îles, n'a rien à
envier, sous ce rapport, à la race caucasique.

Sans prétendre tirer, des faits qui précèdent, une loi générale,
absolue, nous y voyons pourtant une confirmation pour nous
qui n'est point à dédaigner. Si dans l'antique droit des peuples
pyrénéens, les femmes sont acceptées, en qualité de chefs de
famille, au même rang que les hommes, sans que ceux-ci leur
soient préférés, plus que jamais un tel usage nous semble être
le garant d'une société pacifique. N'est-il pas vrai que partout
où l'état de guerre a été normal chez un peuple, les hommes
ont eu l'empire, à l'exclusion des femmes? Comme l'a dit fort
bien M. Chaho, il faut la loi salique aux nations conquérantes.
Les barbares ont partout déshérité la femme et n'ont jamais
reconnu le droit dans le faible [2].

Mais il reste à prouver que l'histoire ne dément point cette
thèse. Montrons tout de suite qu'elle s'accorde avec l'opinion
très-grave que l'illustre philologue Humboldt, après d'immenses recherches, s'était formée sur les indigènes des Pyrénées occidentales [3].

[1] Géographie de Malte-Brun.

[2] *Voyage en Navarre*, p. 390, 391.

[3] *Pruefung der Untersuchungen ueber die Urbewohner Hispaniens vermittelst der vaskischen Sprache*, von Wilhelm von Humboldt, Berlin, 1821. —
(*Examen des recherches sur les habitants primitifs de l'Espagne, au moyen
de la langue basque*, par Guillaume de Humboldt.)

Ces indigènes sont les Basques ou Eusques, selon leur langage [1], qui ont pu, dans des temps extrêmement éloignés, occuper tout ou partie de l'Espagne et le midi des Gaules entre le golfe de Lyon et le golfe de Gascogne, mais qui, depuis des siècles, dont le nombre ne saurait être exactement fixé, avaient reculé devant les Celtes et s'étaient mêlés à eux, plus ou moins, dans des proportions qui demeurent inconnues. Les anciens donnaient le nom d'Ibères à ces peuples mêlés ou non. Sur les monts Pyrénées, les Vascons (Navarrais) étaient des Basques purs. Vers les monts Asturiques, les Cantabres étaient de sang mêlé [2]. C'est chez ceux-ci que, selon le témoignage de Strabon, l'on trouvait le mari dotal et les filles héritières. Ce peuple attira l'attention par son héroïque résistance à Auguste, et ses institutions sont dès lors mieux connues. Tout concourt à prouver qu'elles dérivaient des Basques, dont le génie, la civilisation plus formée avaient su dominer la barbarie celtique. Si l'on voulait une preuve à peu près décisive que le droit de famille dont nous nous occupons est le fils légitime de la conscience des Basques, il suffirait sans doute d'alléguer que ces peuples sont restés de tout temps immobiles dans leurs mœurs, dans l'usage de leur langue et dans leur liberté. Voudrait-on que la famille, ce qu'il y a de plus fixe, eût seule changé parmi eux? Depuis quand ce changement? A quelle date et sous quelle influence? Il est aisé de voir qu'aucune des grandes nations qui régnèrent sur les Pyrénées n'y put porter des lois qu'elles-mêmes ne connurent point. Les Romains, les Visigoths, les Francs, l'antiquité païenne, le moyen âge chrétien, ne furent pas si favorables aux femmes. Qu'on découvre chez les Basques un droit meilleur pour elles, il est propre à ce peuple, il est ancien comme lui, il est du même temps que sa langue, que ses usages et que ses libertés.

---

[1] Ils se donnent le nom d'*Euscaldunac*, qui se décompose ainsi : *Eusc,* radical, *aldunac,* de *aldea,* part, côte, *duna,* terminaison de l'adjectif, *c,* signe du pluriel : ceux du côté *eusque,* les hommes de l'*eusque.* Comme on le voit, les Basques seraient, à plus juste titre, appelés par nous les Eusques.

[2] Les anciens noms géographiques des Cantabres offrent des radicaux celtiques incontestables. Témoin *Juliobriga,* de *briga,* mot purement celte, que Humboldt fait dériver du radical *bri* ou *bro,* terre, établissement, ville (*Pruefung,* etc., p. 144), auquel Zeuss donne le sens de colline (*Grammatica celtica,* Lipsiæ, 1853).

Chaque peuple naît plus ou moins doué. Chaque peuple a plus ou moins une vérité à lui, portion de la vérité générale qui convenait à sa nature. Les Juifs eurent le dogme de l'unité divine. Reconnaissons aux Basques une notion primitive de quelque égalité de la femme avec l'homme. Cette notion juridique sera le plus beau fruit de la conscience d'un peuple, déjà si remarquable par la pureté de ses traits, la noblesse de sa race et la mystérieuse ancienneté de son langage.

Les recherches de Humboldt[1], ici parfaitement appuyées sur les textes, nous font voir les Ibères, en tout plus pacifiques, plus tranquilles que les Celtes. Un tempérament orageux, une inquiétude guerrière, ne les précipite pas, ainsi que nos ancêtres, aux expéditions hasardeuses et lointaines. Peu soucieux de faire des entreprises au dehors, ils sont successivement repoussés du Rhône vers l'ouest. Est-ce là leur caractère? Est-ce, comme le dit Strabon, qu'une présomption hautaine les empêchait de s'unir, de rechercher des alliances et qu'ils faisaient la guerre en partisans?

Contre les Romains, ils se montrent remplis d'obstination et de persévérance. Si, d'une part, ces qualités sont surtout remarquées chez les Ibères mêlés avec les Celtes, les Cantabres par exemple, de l'autre, il faut convenir que les Romains éveillent enfin la passion de ces peuples. Ils se sont enflammés ces cœurs si longtemps pacifiques! On ne trouve plus en eux qu'amour de la patrie et de la liberté, dévouement à leurs amis, mépris de la mort, intrépidité sauvage, héroïsme sans bornes.

Qu'est devenu le Cantabre? S'il n'a point tout entier péri dans les affreuses guerres de destruction romaines, il est du moins extrêmement difficile d'en retrouver la trace. Les Biscayens ne le représentent point, comme le prétendent à tort la plupart des auteurs espagnols et français. Ils descendent, suivant toute probabilité, des Caristes et des Vardules. Mais ces peuples étant peu célèbres dans l'histoire (on les considérait comme peu belliqueux), l'amour-propre biscayen s'est efforcé de justifier des origines cantabriques.

[1] Consulter surtout son chapitre XLIII : « Comparaison des Celtes ibériens avec les Ibères et les Gaulois. Mœurs, caractère et usages religieux de ces races. » *Pruefung der Untersuchungen*, etc.

On croit, avec plus de motif, découvrir le Vascon dans l'une et l'autre Navarre. Le Vascon n'était pas moins brave que le Cantabre, mais, armé à la légère, il dédaignait de se couvrir d'un casque. Cette fière imprudence se conçoit mieux d'un peuple naturellement paisible et pour lequel la guerre n'était pas une coutume. Les monts des Pyrénées protégeaient son repos.

Au pied des mêmes montagnes semblent avoir habité, de tout temps, les Souletins (Sybillates), ceux de Labourt (Lapurdum), et, au delà de l'Adour, ceux de Saubusse (les Sibutzates de César), dont nous avons déjà signalé les coutumes. Les Béarnais confinent aux Pyrénées centrales, mais tandis que leurs voisins vers la mer de Biscaye sont des Basques de langue aussi bien que d'aspect, ils se servent, pour eux, du dialecte roman et leur race est tout au moins mêlée. Le peuple du Lavedan pourrait rappeler le Basque. Les Barégeois s'en éloignent davantage. Si l'ancien nom latinisé de *Pempedunni* [1] doit leur être appliqué [2], ce nom dénote pour eux une origine celtique.

Plus encore que les Basques de France, ceux de l'Espagne ont conservé de nos jours leur individualité. Cela tient à leur nombre ; cela tient au génie moins absorbant de la nation à laquelle ils sont incorporés. On les dit très-unis, humains, charitables entre eux, fort attachés aux devoirs qu'imposent le voisinage et la patrie commune. On assure qu'ils méprisent l'état militaire, regardant le soldat comme une machine, un instrument de tyrannie. A leurs yeux, la profession qui a pour objet de détruire et de tuer est vile. Ils n'aiment point les chaînes d'une étroite discipline. Mais si la patrie est en danger, ils courent aux armes avec enthousiasme [3].

La femme est plus respectée en Biscaye que dans toutes les autres provinces d'Espagne. L'homme aussi y vit dans la famille. Une jeune fille n'y perd point toute estime par cela seul qu'elle s'est laissé séduire, si le complice de sa faute est libre de

---

[1] *Pemp*, cinq, en vieux gaulois ; *dunum*, camp, ville, d'après Zeuss, *Grammatica celtica*.

[2] Carte des Gaules de Walckenaer.

[3] Zamacola, *Historia de las naciones bascas*, Auch, 1818 ; epoca tercera, capitulo tercero. — Divers témoignages.

la réparer. On suppose qu'elle a cédé à une promesse de mariage (en général, les Basques sont portés à présumer le bien). Le séducteur est traité sévèrement par l'opinion publique[1].

Autrefois, les Basquaises se coupaient les cheveux en se mariant. C'était comme le signe qu'elles renonçaient à plaire, pour se vouer sans partage aux soins de l'intérieur. Elles y apportent toujours une propreté exquise, compagne, chez elles, de la pureté de l'âme. Dans les deux sexes, l'adultère est très-rare. Jamais les Biscayens n'ont toléré le concubinage des hommes mariés[2]. S'il est vrai qu'ils durent assujettir leurs prêtres à prendre des chambrières (*barraganac*) pour être leurs maîtresses[3], cette mesure protectrice du repos des ménages montre surtout le prix qu'ils y ont attaché. Un édit du même genre fut rendu chez les Suisses[4]. Les peuples libres légifèrent sur les mœurs, qui sont la base de leur constitution.

L'endurcissement des femmes au travail, trait de mœurs de l'ancienne Ibérie, s'est conservé, selon la remarque de Humboldt, dans la Biscaye et les provinces voisines du nord de l'Espagne, et il n'apparaît point dans les autres parties de ce royaume. Les Basquaises sont très-fortes : les jeunes filles luttent avec les garçons et ne laissent pas quelquefois de l'emporter sur eux. Ces luttes n'offensent point la pudeur ; elles sont toujours contenues dans les bornes du respect[5].

Il est fort ordinaire, selon M. Chaho, de voir une Biscayenne se livrer au travail des champs jusqu'aux derniers jours de sa grossesse. Plus d'un enfant, baigné dans le ruisseau au bord duquel il vint au monde, passe son premier jour à l'ombre de quelque haie ou d'un arbre, tandis que sa mère retourne à son travail[6]. Strabon disait des femmes ibériennes de son temps: « Elles cultivent la terre. Aussitôt qu'elles sont accouchées, elles font mettre leurs maris au lit à leur place et les servent[7]. » La

---

[1] Zamacola, *loc. cit.*

[2] D'après Zamacola. — Selon M. de Lagrèze, le concubinat légal aurait existé conjointement avec le mariage dans le Lavedan et à Barège, tout au moins chez les gentilshommes. — *Massipia*, Bordeaux, 1851.

[3] Chaho, *Biarritz*, p. 180.

[4] Émile de Girardin (*La liberté dans le mariage*, etc., Paris, 1855, p. 228) citant de Potter, *Histoire du christianisme*, épit. II, part. II, liv. II, chap. VI.

[5] Zamacola, *loc. cit.*

[6] *Voyage en Navarre*, p. 390, 391.

[7] Strabon, lib. III, p. 165.

forte constitution des Basquaises leur permettrait encore de suivre cet usage, qui subsiste en effet dans quelques parties de la Biscaye et dans le Guipuzcoa. Dans certaines vallées de la Biscaye, dit M. Chaho, les femmes quittent le lit immédiatement après leurs couches et le montagnard prend la place de sa femme auprès du nouveau-né [1]. Je ne crois point cet usage étranger à la Soule ni à la basse Navarre ; car, dans ces deux pays, si beaucoup le contestent, la plupart le connaissent. On prétend, dans la Soule, que le contact du père est propre à assurer la santé de l'enfant. Certainement, il en est ainsi dans une chambre mal close, dont l'air est agité ou froid ; la chaleur étant le premier besoin de ces petites créatures, et la meilleure de toutes les chaleurs celle d'un être vivant qui leur fait des caresses. On a pris cette coutume pour une marque barbare du servage de la femme, lorsqu'il témoigne peut-être d'une touchante condescendance du père pour sa postérité.

C'est un principe généralement et justement admis que la déférence qu'ont les hommes pour les femmes, leur inspirant aussi plus de respect d'eux-mêmes, tourne au profit des mœurs. Tels étaient les Ibères : ils sacrifiaient plutôt leur vie que leur pudeur. Les Celtes mêlés avec eux paraissent, en cela, leur avoir ressemblé, tandis que, à tort ou à raison, l'on imputait un vice honteux aux Celtes de la Gaule [2].

Ceux de l'Espagne, appelés particulièrement *Celtici* par les anciens, bien que parlant une langue commune à leur race, s'étaient, dans le cours des siècles, rapprochés des Ibères, alliés avec eux, civilisés par eux. De beaucoup plus puissants, plus nombreux que ces derniers, ils ne leur durent pas moins des mœurs plus douces et des institutions politiques. On conçoit, dès lors, qu'ils fussent différents des Gaulois. Ils ne l'étaient pas seulement par un costume plus grave et par des arts plus avancés : on les trouve plus sédentaires ; ils ne connurent jamais ni les druides, ni les bardes, cette cohorte de prêtres, issus de la Bretagne, qui donnèrent à la Gaule une organisation et un centre ; l'ancienne Espagne, l'Aquitaine de César n'en eurent point ; ils semblent avoir été affranchis de cette passion du bruit, de cette vaine gloriole, de cette exagération qu'on reproche à nos

---

[1] Chaho, *Voyage en Navarre*, p. 390, 391. Voyez aussi Zamacola, *loc. cit.*

[2] Humboldt, *Pruefung der Untersuchungen*, etc., chap. XLIII.

pères. S'ils savaient aussi bien qu'eux se dévouer à un chef, se sacrifier avec lui, du moins leur mépris de la mort n'allait point jusqu'à l'extravagance. On ne voit point que ces peuples vendissent leur vie pour de l'or, pour quelques coupes de vin, ainsi qu'on le rapporte des Gaulois[1].

Les habitants du Béarn, du Lavedan, de Barège, de cette portion des Landes dont nous avons parlé, quelques peuplades voisines, dérivent sans doute des Celtiques ibériens, d'un croisement de race, dont les deux éléments sont le celte et le basque, mêlés diversement. Le nom des Preciani (peut-être dans le Béarn)[2], celui des Camponi (dans la vallée de Campan), des Pempedunni (à Barège), le nom de Cambolectri (Cambau) jusque dans le Labourt, terre basque, aideraient à prouver que l'élément celtique fut établi, dès les temps reculés, sur le versant nord des Pyrénées centrales et des Pyrénées occidentales[3].

De nos jours, ces mêmes populations, à l'exemple des Basques, peuvent réclamer l'éloge qui paraît s'être attaché aux mœurs de leurs ancêtres. Ainsi dans le Lavedan , suivant le témoignage d'un magistrat de Lourdes bien informé, les attentats à la pudeur sont essentiellement rares ; ceux qui auraient pour objet la

[1] Humboldt, *loc. cit.*

[2] Carte des Gaules de Walckenaer.

[3] *Preciani :* ce mot-là commence par une *r* précédée d'une muette, accolement qui n'est point basque, d'après Astarloa, et duquel Humboldt ne trouve point d'exemple chez les noms de peuples en Ibérie, si ce n'est *Præsemarcæ* ; mais ce peuple faisait partie des *Celtiques* de la pointe N.-O. de la Tarragonaise (*Pruefung*, etc., p. 87). — *Camponi* n'est point basque. — *Pempedunni*, de *pemp*, cinq, en armoricain, *dunum*, camp, ville, suivant Zeuss. — *Cambolectri*, Cambau sur la Nive, près Bayonne, mot essentiellement celtique, de *cam*, curvus. Zeuss le donne pour tel avec Cambodunum. On peut joindre *Carasa*, dans la Basse-Navarre, mot basque douteux, même d'après Humboldt, toujours si favorable aux étymologies de cette langue : *Cærasi* pour *Cairasi*, dans César, est donné comme gaulois par Zeuss. On trouve en outre, dans l'Aquitaine, *Lugdunum* Convenarum, depuis Saint-Bertrand-de-Comminges, ville de nom celte, de *lug*, troupe, et *dunum*. Les Convènes étaient un mélange de *Celtibères*, d'Arévaces et de Vettons, transportés d'Espagne par Pompée. — *Lactorates* (Lectoure), *Adcantuannus*, roi des Sotiates, si ce nom n'est pas altéré, ont la physionomie celtique. — Les *Bituriges Vivisci*, chef-lieu *Burdigala*, Bordeaux, étaient de pur sang gallique : Strabon, lib. IV, p. 190. — Les *Boii*, dans les Landes (à la Teste de Buch ?) avaient un nom celte. Mais la majorité des noms de lieux et de peuples, dans l'Aquitaine, rappelle plutôt le basque.

personne d'un enfant n'y sont pas même connus. Dans les sta-
tistiques officielles, le département des Hautes-Pyrénées est cité
parmi les six départements qui n'ont pas présenté une accusa-
tion de ce genre, par année moyenne, de 1846 à 1850 [1].

Si l'on cherchait à apprécier la moralité de ces petits peuples
par le chiffre des enfants qui y naissent hors mariage, on obtien-
drait de singuliers résultats. Tandis que dans la vallée de Barège la proportion des naissances naturelles au total des naissances, évaluée sur une moyenne de dix années, de 1843 à 1852,
est d'environ 2 sur 23, la même proportion dans la vallée de
Campan est de 2 sur 11 [2]; d'où il y aurait lieu de conclure que,
sous un rapport donné, les mœurs de Barège sont deux fois
meilleures que les mœurs de Campan. Et si l'on ajoutait que
dans le premier pays la présence annuelle d'une multitude d'é-
trangers exerce très-certainement une action dissolvante, qui,
par des raisons locales, n'atteint pas le second, il faudrait bien
convenir que la facilité des femmes dans la vallée de Barège est
sensiblement moindre qu'elle ne l'est et ne l'a toujours été dans
la vallée de Campan. La même louange reviendrait à la vallée
d'Azun, comprise dans le Lavedan, où la proportion des naissances naturelles à la totalité des naissances est de 2 sur 22, et,
d'après mes calculs approximatifs, au Lavedan tout entier.

Mais parce que le Lavedan et Barège ont toujours professé, à
l'égard de la femme, un droit particulier qui ne se retrouve point
dans la vallée de Campan, serait-il rationnel d'attribuer à ce fait
seul de si prodigieuses différences dans les mœurs? Le problème
se complique ici d'une grave question de race ; car, en considérant les habitants de Campan, il n'est pas possible de mécon-
naître en eux un type très-distinct de celui de leurs voisins. Si
ceux-ci peuvent encore, soit de près, soit de loin, soutenir quelque comparaison avec les peuples basques, la stature, le teint,
la taille, le visage des Campanois s'opposent décidément à un
tel rapprochement. Quand la constitution varie, des divergences
morales n'ont rien qui doive surprendre. C'est dans sa nature
propre que le peuple de Campan puise cette facilité de mœurs,
simplicité grossière qu'on ne saurait confondre avec la cor-

---

[1] Compte rendu de la justice criminelle en France, de 1826 à 1850.

[2] Registres de l'état civil, relevés par moi-même aux greffes des tribunaux de Lourdes et de Bagnères.

ruption, lorsqu'elle comporte, comme il arrive ici, les effets les plus développés de l'amour maternel, l'affection mutuelle de tous les enfants de la même mère, à ce point qu'issus de pères différents, on les voit se partager entre eux les biens de celui-là même auquel leur mère s'est unie à la fin par des nœuds légitimes [1].

A le prendre dans son ensemble, le département des Hautes-Pyrénées ne figure pas avec trop de désavantage parmi les autres départements de France dans nos annales criminelles. Si l'on classe tous nos départements d'après le chiffre proportionnel du nombre des accusés de crime au nombre des habitants, en commençant par ceux qui présentent la plus faible proportion, c'est-à-dire la plus haute moralité, on trouve que les Basses-Pyrénées arrivent en onzième ligne, les Hautes-Pyrénées ont le vingt-troisième rang (la moyenne est prise de 1826 à 1850, comprenant un quart de siècle) [2]. Ce résultat n'est pas défavorable si l'on veut bien se représenter la misère de nos montagnards, leur ignorance, les superstitions cruelles auxquelles ils sont encore livrés, les tentations que l'isolement, l'abîme, de riches voyageurs et la frontière voisine peuvent faire naître chez des malheureux.

Si le nombre des délits forestiers qu'ils commettent est très-considérable, ce qu'expliquent un excès de pauvreté et des usages invétérés, il n'en est point de même des autres délits correctionnels. Le vol d'argent est rare. On ne prend guère que des objets de consommation immédiate, souvent indispensables à une famille exténuée : du grain ou quelques pommes de terre, un peu de lait, et parfois sans doute le vase avec le lait [3]. Aux eaux de Barège les portes, sans danger, restent ouvertes à toute heure, et de pitoyables serrures font du moins l'éloge de la probité locale. Dans cette vallée sauvage, comme dans la riante vallée de Campan, la proportion des femmes aux hommes, pour les délits

[1] Témoignage de feu M. Dubarry, avocat à Bagnères, constituant de 1848, enlevé trop tôt à sa famille, à ses travaux, à ses amis.

[2] Les départements où il a été prononcé le moins de condamnations à mort, dans ce même quart de siècle, sont : la Creuse, 3 ; la Corrèze et les *Hautes-Pyrénées*, 5... ; le Gers et les *Basses-Pyrénées*, 8. — Compte rendu de la justice criminelle en France, de 1826 à 1850.

[3] Tables des délinquants correctionnels punis de la prison, aux greffes des tribunaux de Lourdes et de Bagnères.

punis de la prison [1], semble être plus favorable que ne l'est une proportion analogue dans le reste de la France.

Si je me suis étendu sur ces détails de statistique, empruntés à des sources sûres, c'est qu'outre l'enseignement qu'ils portent avec eux, il n'était point inutile de combattre certaines accusations propagées dans des temps de crise, par un zèle intéressé, contre des populations habituellement inoffensives.

On peut glaner dans les coutumes des Basques, soit d'Espagne, soit de France, quelques dispositions éminemment protectrices pour les femmes. Qu'on veuille excuser seulement la simplicité du langage.

« Qui séduit fille pucelle et la connoît charnellement, la doit prendre à femme et lui-même la doit doter : et s'il ne la veut, ou ne la peut prendre à femme, lui doit donner douaire raisonnable... » Ainsi parlent les coutumes de Labourt et de Soule [2]. Selon le for de Biscaye, en date de 1526, les filles déflorées pouvaient poursuivre leur séducteur au criminel, et au civil en obtenir une dot. La chose étant devenue abusive, le for met certaines restrictions à l'usage de ce droit. Dans les coutumes de la Navarre française : « Qui séduira fille pucelle sera puni selon l'âge et la qualité des personnes [3]. » De même dans les fors de la Navarre espagnole.

L'adultère des hommes est réprimé dans les coutumes des Quatre-Vallées (1300) : « Hommes mariés trouvés en adultère avec femmes mariées ou *non mariées*, qu'ils soient punis [4]. »

La violence sur les femmes reçoit un châtiment terrible. Dans la Navarre française : « Tout viol, rapt de fils ou fille, sera puni de mort [5]. » Dans les coutumes de Labourt et de Soule : « Qui force ou viole femme de son corps doit être décapité, nonobstant qu'il la veuille ou puisse prendre à femme [6]. »

On a souvent loué cette disposition humaine des fors de Béarn :

---

[1] 2 femmes et 22 hommes dans la vallée de Barège; 4 femmes et 20 hommes dans la commune de Campan, pendant dix ans, de 1845 à 1854.

[2] Labourt, Des crimineux, XII ; Soule, Des crimineux, XI.

[3] *Los fors et costumas deu royaume de Navarre deça ports, de penas et emendas*, XIII.

[4] Coutume d'Aure, art. 41. Statuts, coutumes et priviléges du pays des Quatre-Vallées : Daure, Magnoac, Nestes et Barousse. Auch, 1772.

[5] *De penas et emendas*, VIII.

[6] Des crimineux, X.

« Ne pas saisir chez une femme en couches[1]. » Il faut y joindre cette autre très-indulgente : « Quoique menant une mauvaise vie, la veuve ne peut perdre la jouissance des biens qui doivent retourner à ses enfants[2]. » Mais dans la coutume de Navarre, la veuve lubrique est privée des legs et donations à elle faits par son époux[3]. Selon la même coutume, la mauvaise conduite des filles dispense leurs parents de les doter[4]. Voici, par exemple, qui est fort libéral : « Ne peuvent, les parents, contraindre leurs enfants au mariage[5]. » Cette même coutume, qui impose au fils l'obligation de nourrir son père et sa mère, en cas de besoin, prescrit en retour aux parents d'entretenir leurs enfants, lorsque ceux-ci ne peuvent se suffire ; le cas de désobéissance et de mauvaise vie excepté[6].

De la famille si nous passons dans l'Etat, nous recueillerons quelques indices du rôle ancien que les femmes paraissent y avoir joué. Nous n'avons pas à relever, sous ce rapport, les droits que leur sexe acquit à la succession des royaumes, comtés et autres fiefs, distribués sur les deux versants de la chaîne des Pyrénées. Comme l'a écrit Favyn, les royaumes de Navarre, Oviédo et Léon furent électifs au commencement, rendus par après successifs, tant aux mâles qu'aux femelles, lesquelles succédèrent, non-seulement aux comtés et moindres fiefs, mais aussi aux royaumes[7]. Comme il le dit encore, cette coutume d'admettre les femmes fut depuis pratiquée tant aux royaumes de Castille et Léon que de Navarre et Aragon[8]. Ces avantages, relativement récents, les femmes les durent sans doute, dans les Pyrénées comme ailleurs, au progrès général des mœurs du moyen âge, qui, peu à peu, les retirait de l'humiliante tutelle où les avaient placées les conquérants germains. L'esprit de la chevalerie vint aussi à leur aide, et c'est à lui surtout qu'il convient d'attribuer

---

[1] For général, Des pignorations, art. 150.

[2] For de Morlas, rubrique 9i, art. 291.

[3] *Los fors et costumas deu royaume de Navarre deça ports, De matrimonys*, XIV.

[4] *Ibid., De pay et filh*, IV.

[5] *Ibid.*, VII.

[6] *Ibid.*, XIX, XXIII.

[7] « L'élection ne se pratiquait point qu'à défaut d'hoirs mâles ou femelles. » *Histoire de Navarre*, p. 105.

[8] *Ibid.*, p. 105.

deux belles dispositions de la charte de Bigorre, que je ne puis me défendre de rapporter ici. Dans l'article 9 : « Paix soit gardée en tout temps aux prêtres, moines, *dames*, et généralement à leur suite. Si quelqu'un se réfugie auprès d'une dame, qu'il ait sûreté de sa personne, en réparant le dommage qu'il a fait. » Ainsi, dans la Bigorre, les femmes d'une certaine condition emportaient avec elles ce précieux droit d'asile, qui, aux termes de l'article 7, résidait seulement dans quelques monastères. L'article 31 confère un notable privilége à la veuve du noble tué en expédition : « Personne ne peut la poursuivre en justice jusqu'à ce que ses fils soient en état de porter les armes, à moins qu'elle ne se remarie [1]... » Une femme perd sur le champ de bataille son époux, c'est-à-dire son protecteur, son champion ; qui soutiendrait les armes à la main son droit en justice? On ne peut l'y appeler ; on attendra que ses fils soient en état de la défendre.

L'histoire ancienne nous offre, pour les Pyrénées orientales, un trait de mœurs publiques qui rentre davantage dans nos vues. Deux cent dix-huit ans avant notre ère, Annibal, campé auprès d'Illiberri, ville de nom incontestablement basque [2], conclut avec les indigènes un traité dont voici l'une des clauses : « Les plaintes de ceux-ci contre les Carthaginois seront portées soit devant Annibal, soit devant ses lieutenants en Espagne ; mais les réclamations des Carthaginois contre les indigènes seront *jugées sans appel par les femmes de ces derniers* [3]. » Il se pourrait que la remarque faite à ce propos par M. Amédée Thierry fût fondée. « Cette coutume, dit-il, de soumettre à l'arbitrage des femmes les plus importantes décisions politiques, particulière aux Aquitains et aux Ligures, prenait sa source dans la condescendance respectueuse dont la civilisation ibérienne entourait ce sexe [4]. »

Nous pouvons alléguer, dans le même sens, un fait extrêmement remarquable signalé par M. de Lagrèze, dans sa curieuse étude sur Saint-Savin de Lavedan. Sous le nom de *rivière*, ou plus exactement de *vallée de Saint-Savin*, il existait, au moyen

---

[1] Charte de Bigorre, 1097. *Essais historiques sur le Bigorre*, par Davezac-Macaya, Bagnères, 1823, t. Ier, p. 192 et suiv., note.

[2] *Illi*, ville, *berri*, neuf : ville neuve. Il n'y a pas d'étymologie plus certaine.

[3] Plutarque, *De virtute mulier.*, p. 246.

[4] *Histoire des Gaulois*, troisième édition ; Paris, 1845, t. Ier, p. 238.

âge, une petite république présidée par l'abbé du monastère de ce nom, comprenant plusieurs communes assises sur la rive gauche du grand gave d'Argelès, dans ce même Lavedan dont les lois civiles nous sont à présent connues. Cette république avait pour citoyens des hommes libres d'une liberté immémoriale : « *Sunt immunes, franchi et liberi.* » Chaque commune s'administrait par elle-même ; les décisions étaient prises à la pluralité des voix. Tous les habitants se réunissaient à Saint-Savin pour délibérer avec les moines sur les questions d'intérêt général. L'abbé était le chef, mais non pas le despote de ce petit pays. Outre qu'il jurait de ne point attenter à ses fors, coutumes et priviléges, il se voyait contenu par la présence du peuple dans toutes les assemblées où se réglaient les affaires publiques. L'ancienne ville de Cauterets, célèbre par ses eaux thermales, faisait partie de la vallée de Saint-Savin. Une fois, en 1316, les habitants de cette ville, assemblés, selon la coutume, sous le porche de l'église, furent consultés pour savoir s'ils devaient accepter de l'abbé un autre emplacement pour leurs maisons et pour leurs bains, moyennant certains droits féodaux. « *Les habitants et habitantes* (*besis et besies*), tous présents et consentant de leur bon gré, ont dit et déclaré, ensemble et individuellement, qu'ils reconnaissaient leur dépendance du monastère de Saint-Savin. Tous l'ont dit, à l'exception de Gualhardine de Fréchou, une femme, qui protesta [1]. »

Si ce fait n'est point accidentel, comme rien n'invite à le croire, on peut en conclure, avec M. de Lagrèze, que dans les anciens temps de ces communautés, les femmes votaient avec les hommes et jouissaient, comme eux, du suffrage universel, qui leur fut ensuite retiré.

De ce moment elles ne reparaissent plus sur la scène politique qu'aux jours des grands bouleversements, quand la société ébranlée appelle à son secours le ban et l'arrière-ban de ses forces morales. C'est ainsi qu'au chef-lieu de la vallée d'Azun, toujours dans le Lavedan, la révolution amène au vote les femmes avec les hommes sur cette question du partage des biens communaux, si grave chez des peuples pasteurs. « Le 17 germinal an II..., dans l'église d'Aucun..., tous les individus de la

---

[1] *Monographie de Saint-Savin de Lavedan,* par Gustave Bascle de Lagrèze ; Paris, 1850, tout le chapitre VI, et notamment p. 113.

commune, assemblés à la réquisition de l'agent national pour
délibérer sur le partage des biens communaux[1]... L'assemblée
a été tumultueuse et orageuse... L'agent national a obligé les
citoyens d'avoir à délibérer sur ledit partage... » Mais les
hommes n'en veulent point. « Voyant que les femelles n'a-
vaient point délibéré, ledit agent national est monté à la tribune
et a observé les mêmes règles pour les femmes, lesquelles,
au nombre de cinquante-six, onze ont passé du côté indiqué
pour vouloir le partage, et quarante - cinq sont restées en
place[2]. »

Il ne paraît pas que les archives de la vallée d'Andorre, si
longuement et si fidèlement conservées, présentent des souve-
nirs pareils sur l'intervention des femmes dans la vie politique.
Le judicieux historien de cette vallée assure que « par un motif
pris dans leur genre de vie, et peut-être aussi dans la faiblesse
de leur sexe, les femmes sont exclues de toutes les réunions où
l'on s'occupe d'intérêts publics. Ainsi, elles ne peuvent entrer
dans le palais de la vallée lorsque le Conseil y est assemblé, *ni
assister aux messes, aux solennités et aux fêtes* qu'on célèbre à
l'époque des réceptions de l'évêque d'Urgel et du viguier français, protecteurs de l'indépendance du pays[3].

Croira-t-on maintenant que, parce que nous avons mis en lu-
mière les avantages certains dans l'ordre civil, et plus douteux
dans l'ordre politique, qui appartinrent aux femmes chez les
anciens Cantabres, chez les Basques anciens et modernes, chez
ces peuplades des Pyrénées centrales, immobiles et comme en-
chantées dans l'enceinte de leurs magiques montagnes, nous
poussions les choses à toute extrémité, et que nous prétendions
dire que dans ce coin du monde, l'homme avait abdiqué ou qu'il
eût seulement renoncé à ces prérogatives que la force brutale
ne lui persuade que trop ? Cela serait peu soutenable, même
dans le sein de la famille, où la puissance maritale existait certainement. Un règlement de Barège en fait foi pour le moyen
âge. Il y est dit « que tout maître et chef de maison peut châtier
femme et famille, sans que autre puisse y avoir intérêt, *à moins*

---

[1] En vertu de la loi du 10 juin 1793.

[2] Registres municipaux de la commune d'Aucun, chef-lieu de canton
de l'arrondissement d'Argelès.

[3] *De l'Andorre*, Toulouse, 1823, p. 24.

qu'il ne fût plaignant [1]. » Rapprochez cette disposition de l'article 36 d'une coutume des Quatre-Vallées : « Qui frappe avec la main, le poing, un bâton, une pierre, ou autrement, qu'il soit puni par sentence du juge ; à moins que ce ne soit femme, fils ou fille, ou enfants pupilles, ou pour cause d'éducation (de doctrine) [2]... » Ainsi, armée d'un bâton ou d'une pierre, la correction pouvait être un peu rude. — La loi de Barège ne mentionne pas ces circonstances barbares. Elle reconnaît à la personne frappée, à la femme, à l'enfant, le droit de se plaindre.

Dans le for de Biscaye, daté de 1526, on lit : « Si le mari commet un délit et qu'il soit condamné à des dommages-intérêts, on ne peut exécuter les biens de la femme, quoiqu'elle ait eu connaissance du délit : parce que la femme, étant sous la puissance du mari, n'a pu rien empêcher. » — Dans le cas inverse, le mari est responsable du délit de sa femme, s'il a connu son intention, parce qu'il ne s'y est point opposé. — Mais ce for, rédigé par voie de réformation, remaniait profondément l'ancien droit du pays.

Il est temps de sortir de ce sujet des femmes, le premier qui se présente dans l'étude des vieilles lois des Pyrénées occidentales. Si ces législations leur ont fait une belle part toutes les fois que la naissance leur assurait les biens patrimoniaux, elles les ont sacrifiées lorsqu'elles étaient puînées. Leurs frères alors ne l'étaient pas moins qu'elles. C'est au sort des cadets en général, rigoureux chez les Basques, rigoureux dans le Lavedan, et surtout à Barège, que le chapitre suivant est consacré.

CHAPITRE IV. — LES CADETS.

Servitude des cadets. — Leurs droits. — Leur genre de vie. — Mariages entre eux à Barège et dans le Lavedan.

Il ne faut point chercher au droit d'aînesse, tel qu'il a existé chez les pasteurs pyrénéens, une origine aristocratique. Il est

---

[1] Priviléges de Centot, du douzième siècle, copiés au quinzième siècle ; archives de M. Couffitte, notaire à Luz.

[2] La coutume d'Aure, déjà citée, 1300. Voir aussi les statuts de Brágerac, 1337, ou même 1334, LXXXII.

probable pour toute la chaîne, certain pour la région occidentale, que ce fut plutôt une institution populaire, née soit d'un dé-
sir collectif de conserver les patrimoines, de maintenir l'assiette
des fortunes, soit même d'une organisation spontanée de la famille. Cette dernière hypothèse est vraisemblable chez les Basques.

Il nous est difficile, à nous Français du nord, imbus des idées
de la coutume de Paris et mieux encore des principes de la Révolution, de ne point nourrir des préventions très-fortes contre
des lois qui consacraient l'inégalité des enfants du même père
et de la même mère. Et pourtant, à y regarder de près, le droit
d'aînesse s'explique dans des pays de culture bornée, de montagnes arides, où, pour lutter contre une ingrate nature, les
hommes ne connaissent d'abord qu'une seule association, la famille. Groupée autour d'un chef, propriétaire unique, qui con-
centre sur sa tête toutes les ressources de la maison, la parenté
entière peut espérer de vivre, tandis qu'en divisant les forces,
en séparant les intérêts, on eût diminué du même coup les
chances que l'on avait d'éviter la disette.

Il est bon de remarquer que cet ordre ancien s'est établi dans
des temps où, ni l'industrie, ni le commerce ne venaient au secours de nos peuplades perdues dans les entrailles des monts,
où tout leur avoir était dans les troupeaux : or, s'il est un
genre de propriété qui soit en lui-même peu susceptible de partage, c'est un établissement pastoral, consistant en quelques
chaumières distribuées à diverses hauteurs, sur les degrés des
monts, indispensables tour à tour, suivant la saison ; les communs pacages plus élevés encore ne pouvant être longtemps la
station du berger.

Cette considération de l'insuffisance du sol est plus qu'on ne
croit peut-être au fond de bien des lois ; elle explique seule
certain usage, traditionnel à Bourg, dans le val d'Oueil, près
Luchon, d'après lequel les consuls et même depuis des maires
se seraient opposés au mariage des cadets avec les cadettes [1].
C'était là l'expression de la volonté générale. On se proposait
ce but : ne point multiplier les bouches dans le village ; maintenir en même nombre les familles et les patrimoines. Le nombre des patrimoines était fixe. On les garantissait par l'union

---

[1] Témoignages recueillis dans le pays.

des héritiers avec des filles cadettes. Mais on ne voyait point ou l'on ne voulait point voir, dans un pays restreint, la possibilité de pourvoir à d'autres ménages.

Cet usage, qui, avant la grande révolution, équivalait peut-être à une loi, est éminemment contraire à nos principes modernes ; il n'en est pas de plus caractéristique pour dévoiler le vice et les tendances extrêmes de l'antique civilisation de ces peuplades.

Mais tout ordre social a ses victimes ; toute république ne fut point, ne put être entièrement libérale. Le maintien des maisons, l'équilibre des fortunes, l'immobilité dans la division et dans la possession de la terre, la perpétuité de chaque famille, conduite, disciplinée, représentée par un chef, c'étaient là des éléments pour l'ordre, pour la paix générale, dans de petites sociétés qui, soumises à des lois moins sévères, se seraient peut-être, déchirant leur propre sein, livrées, pour apaiser des discordes civiles, à cette même tyrannie qu'elles évitèrent souvent [1].

Du reste, le droit d'aînesse, si excessif qu'il fût, n'était point sans des compensations. C'était un droit qui emportait des devoirs, un bénéfice qui avait de grandes charges. Ces charges n'étaient rien moins que la famille entière. L'aîné, maître de la maison, la devait aux cadets, jeunes ou vieux, malheureux, infirmes ou découragés ; ils s'y retiraient dans tous les moments de crise. Le foyer de l'aîné était leur refuge ; son champ, leur champ d'asile. Quand le père de famille s'était endormi dans le petit cimetière, l'aîné, à l'égard de ses frères, continuait le rôle paternel, la mort du père le faisant père à son tour. Aussi les cadets, qui ne cherchaient pas autant qu'ils le font aujourd'hui fortune au loin et par delà les mers, se groupaient-ils autour de de cette tête et chère et respectée. Eux-mêmes, comme oncles et tantes, étaient traités filialement par les fils ou les filles, par les enfants de leur aîné ; là où la paternité n'était pas réelle, on trouvait encore son image ; elle était simulée dans tous les rapports de famille, elle était le lien des collatéraux entre eux, le lien d'amour, le pivot de ces mœurs vraiment patriarcales.

[1] Dans la vallée d'Andorre, demeurée indépendante sous le protectorat de la France et de l'Espagne, les cadets ne quittent le toit paternel qu'autant qu'ils se marient, et ils ne se marient que s'ils trouvent une héritière. *De l'Andorre*, Toulouse, 1823, p. 18.

Il y avait là un grand adoucissement, comme une atténuation qu'il faut connaître et apprécier à sa juste valeur, mais qui ne doit point nous masquer la rigueur, l'injustice même du droit qui, dès leur naissance, pesait sur les cadets.

En pays de droit écrit, ce n'était qu'un usage, mais un usage généralement reçu de réduire, en faveur de l'aîné des fils, tous les autres enfants à une simple légitime. La quotité de cette légitime se trouvait déterminée par la Novelle 118. Les fils puînés qui quittaient la maison paternelle pour travailler à leur profit, l'obtenaient intégralement sans imputation de ce qu'ils avaient gagné. Il y avait bien un droit du père, antique effet de la puissance paternelle réglé par Justinien. Le père avait, sa vie durant, l'usufruit des biens que ses enfants acquéraient par leur propre industrie, à moins qu'il ne les eût émancipés. Mais ce droit de jouissance lui était personnel et l'aîné de ses fils ne pouvait s'en prévaloir pour modifier ou restreindre la légitime des cadets.

Tout au contraire, par une dureté spéciale, la coutume de Barège prescrit qu'un puîné, qui sort de la maison sans le consentement de ses père ou mère, frère ou sœur, héritiers, doit précompter sur sa légitime ce qu'il gagne au dehors. La coutume du Lavedan contient la même disposition, mais elle ne l'étend point au frère ou à la sœur [1]. Voici les termes de la coutume de Barège, art. 16 : « Un puîné ou une puînée, appelés en vulgaire du pays *esclau* et *esclabe*, qui sortiront de la maison pour travailler, trafiquer, ou demeurer valet ou servante ailleurs, sans l'approbation et consentement du père et de la mère *ou de l'héritier de la maison*, sont obligés de tenir en compte ce qu'il ont gagné, sur ce qu'ils peuvent prétendre de la maison, tant moins de leur légitime. »

Ce n'est pas tout. « Au sentiment du commun des gens du pays, » un puîné est encore tenu de deux choses : 1° de faire raison de toutes les acquisitions qu'il peut avoir faites par le moyen d'un trafic ou commerce durant le temps qu'il est resté dans la maison natale ; 2° un puîné, qui sort de la maison, sans le consentement de l'héritier, est tenu, non-seulement de précompter sur ses droits ce qu'il peut avoir gagné ailleurs, mais encore

---

[1] Attestation du sénéchal de Bigorre..., art. 9.

de faire exactement compte de ses acquisitions qui excéderont la légitime, en sorte que *tout doit appartenir à l'héritier* [1].

Noguès accorde le premier point. Le puîné, dit-il, qui trafique dans la maison, est censé le faire des biens de l'héritier. Or, il est juste que celui qui fournit le fonds des acquisitions profite aussi de ces acquisitions. A quoi l'on peut ajouter que les puînés étant entretenus par l'héritier de la maison, il est naturel qu'ils travaillent à son profit. Enfin tel est l'usage [2].

Mais Noguès refuse le second point, ne le trouvant conforme ni à l'équité, ni à l'usage. Puisque la coutume est muette, dit-il, il faut appliquer le droit écrit d'après lequel le père seul, en vertu de sa puissance, a l'usufruit des acquisitions faites par son fils du fonds ou par l'industrie du fils, sans en pouvoir jamais prétendre la propriété. Encore faut-il qu'il réclame cette jouissance…. Dans ce cas, ni la mère héritière, ni les frères ou sœurs héritiers, ne peuvent exercer un droit dérivant exclusivement de la puissance paternelle [3].

Cette décision, puisée dans le droit romain, nous reporte sans doute à la jurisprudence du parlement de Toulouse, auquel ressortissaient Barège et le pays de Lavedan. Mais on trouvera l'esprit de nos coutumes dans ce que Noguès appelle *le sentiment du commun des gens du pays.*—Nous avons déjà vu que ces curieuses coutumes ne se préoccupaient point de la puissance paternelle. Ici même, il est bien établi que les enfants puînés peuvent, en quittant leur maison de naissance, travailler pour eux-mêmes, s'ils ont le consentement de leur mère héritière. Le droit de consentir ou bien de s'opposer n'appartient point au père, s'il n'est pas héritier. Dans ce cas, la mère étant morte, il parvient sur la tête de l'aîné de ses enfants, devenu chef de famille [4].

Mais le père ou la mère (selon le cas) peuvent léguer à leurs enfants puînés la liberté de sortir de la maison et d'acquérir à

---

[1] *La coutume de Barège conférée avec les usages,* ou *Coutume non écrite du pays de Lavedan, de la ville de Lourdes,* etc., par Noguès, avocat en parlement ; Toulouse, p. 318.

[2] Si le puîné prouve que ses acquisitions ont été faites indépendamment du bien de l'héritier, l'héritier n'y a aucun droit. Le père seul, en vertu de sa puissance, peut en exiger l'usufruit. (Noguès.)

[3] Noguès, *loc. cit.,* p. 318 et suiv.

[4] *Ibid.,* p. 326, 331 et 332.

leur profit, et l'aîné doit alors leur faire compte de toute leur légitime, sans imputer leurs acquêts. C'est ce qui se pratique dans l'usage [1].

Au reste, le pécule *castrense* et le *quasi-castrense* n'étaient pas imputables. La coutume du Lavedan les excepte expressément. « Le pécule castrense ou quasi-castrense, qui consiste en acquêts faits à la guerre ou autrement par les fils de famille ou gendres, nobles, docteurs, avocats, médecins, prêtres ou autres personnes sacrées, est excepté de la coutume [2]. » La coutume de Barège soumet au rapport seulement les biens que les fils de famille ont acquis en *travaillant, trafiquant ou demeurant valets ou servantes* [3]. Les bourgeois sont exclus de cette disposition, qui ne s'applique qu'aux artisans ainsi qu'aux paysans : le but de la coutume ayant été d'engager les puînés à donner du secours à leurs ascendants et à leurs frères aînés, pour la culture du bien de la maison ou dans la profession du métier qu'ils exercent [4].

Mais les père, mère, frère, sœur, héritiers, ne jouiront du bénéfice de cet article 16, qu'autant qu'après le départ des puînés ils leur auront de suite ou bientôt après, par acte dûment signifié, déclaré qu'ils désapprouvent qu'ils soient sortis de la maison, les sommant d'avoir à y rentrer [5]. Leur silence ou leur inaction à cet égard aurait le sens d'un consentement tacite, dans l'opinion de Noguès, qui examine encore la question de savoir si les puînés, sortis de la maison, dont on précompte les acquisitions sur leur légitime, peuvent au moins obtenir de leur côté les intérêts de cette légitime.

« Non, dit-il, suivant l'esprit de la coutume, et de là vient sans doute que l'usage de payer les intérêts d'une légitime est presque inconnu dans la vallée de Barège. »

Noguès pense néanmoins que ces intérêts peuvent être exigés par le légitimaire sorti de la maison et qui rapporte : n'étant point juste qu'il soit dépouillé de tous côtés. Ils seront calculés sur le pied de la rente du fonds sujet au droit de légitime. Les

---

[1] Noguès, *loc. cit.*, p. 330 et 331.
[2] Attestation du sénéchal de Bigorre..., art. 7.
[3] Art. 16.
[4] Noguès, *loc. cit.*, p. 322.
[5] *Ibid.*, p. 326 et suiv.

biens-fonds ne rendant en Barège qu'environ trois pour cent, ce serait léser l'héritier que d'exiger de lui des intérêts calculés au taux des ordonnances.

Du reste, un puîné pourrait, vis-à-vis de son frère héritier, s'éviter ou diminuer du moins le désagrément de compenser, en se faisant faire raison de ses droits de légitime, dès aussitôt être parvenu à sa majorité, pouvant alors en recevoir payement et en donner quittance, ou bien en se réglant avec lui ; car ce règlement une fois fait, l'héritier ne pourrait plus obliger le légitimaire à précompter ses acquisitions ; tel est l'usage [1].

Ces décisions diverses éclaircissent, quant à leur légitime, la position faite aux cadets dans la vallée de Barège, et la montrent réellement inférieure à ce qu'elle eût été, si l'on y eût suivi les errements habituels en pays de droit écrit. Un peu moins de rigueur s'attachait au sort de ces déshérités, dans le Lavedan et autres lieux soumis aux mêmes coutumes. Mais dans toute cette région de Lavedan et de Barège, le tort qu'éprouvaient les cadets dans l'attribution des biens en ligne directe n'était point réparé en ligne collatérale. Nous l'avons dit plus haut : le droit d'aînesse absorbait tout; il n'y avait point de succession collatérale, même des acquêts. Pour qu'un puîné pût s'attendre à des droits de ce côté, il fallait que la mort, frappant son frère ou bien sa sœur aînée, le rendît à son tour l'aîné de la famille.

Poursuivons cette étude. A l'orient de la vallée de Barège, la vallée d'Aure observait le droit commun. La légitime des puînés leur compétait sans retranchement, et en même temps ils disposaient de leur pécule. Il paraîtrait seulement qu'ils n'eussent pu l'employer à en acheter des biens de leur maison natale, dans la crainte que cet achat ne couvrît quelque atteinte aux droits de leur aîné. L'interdiction cessait, si le pécule avait été acquis hors de France. — Dans cette vallée, aussi, les cadets épousaient rarement des cadettes. — Ils pouvaient recueillir des successions de frères et de sœurs, suivant la loi romaine, mais le clergé s'interposait souvent, se portait volontiers l'héritier collatéral de tout le monde [2].

Dans les fors béarnais, les puînés ne sont pas tenus de pré-

---

[1] Noguès, *loc. cit.*, p. 322 et suiv.
[2] Témoignages recueillis dans le pays.

compter sur leur légitime les biens acquis par leur industrie ; mais ils précomptent les biens qu'ils ont tirés du fonds paternel. Cela résulte de plusieurs articles, notamment de l'article 180 du for de Morlas.

Dans les coutumes de la Navarre française, la légitime n'a point une quotité déterminée, elle est calculée arbitrairement, d'après les convenances de la maison, la fortune patrimoniale. Elle se prend d'abord sur les acquêts, à leur défaut sur les biens avitins [1]. Les parents peuvent avantager leurs enfants sur les acquêts, jusqu'à concurrence de la moitié de ces biens. S'ils ne leur ont fait *aucune gratification*, les enfants doivent être nourris par l'héritier, *s'il le peut faire*, jusqu'à ce qu'ils aient atteint l'âge de seize ans ou qu'ils soient en état de gagner leur vie [2]. Remarquez que l'aîné a la charge de nourrir et instruire ses frères et sœurs, suivant les facultés du bien [3]. La légitime des cadets qui décèdent sans enfants retourne intégralement à l'héritier de la maison [4]. De cette manière sont exclues les successions collatérales, mais seulement pour les propres, comme dans les coutumes de Labourt et de Soule [5].

Selon ces deux coutumes « chacun peut disposer de ses acquêts à son plaisir…, pourveu que, s'il y a enfants, il laisse à chacun d'iceux quelque chose desdits acquêts, si peu soit-il [6]. » — Les enfants n'ont ici, sur les acquêts de leurs parents, qu'une *réserve* dérisoire. Sous ce rapport, l'aîné n'a point de privilége. Il en est autrement quant aux biens avitins :

« L'aîné ou aînée qui, par la coutume, succède à ses père et mère, ayeul et ayeule, ès biens de lignée, est tenu, *pour toute légitime d'iceux biens*, marier ses sœurs de père et mère, ou du côté dont les biens sont descendus, selon la faculté d'iceux, *si elles servent à la maison de l'aîné ou aînée respectivement, ou ail-*

---

[1] *Los fors et costumas deu royaume de Navarre deçà ports*, Pau, 1722. De testamens et successions, IV.

[2] *Ibid.*, XIV.

[3] *Ibid.*, De matrimonys, VIII.

[4] *Ibid.*, De testamens et successions, V.

[5] Dans les trois pays de Soule, Labourt et basse Navarre, les collatéraux succédaient aux acquêts *ab intestat*.

[6] Coutume de Labourt (1514), coutume de Soule (1520) ; De testamens et exécuteurs d'iceux, III.

leurs, à la volonté du succédant : autrement n'est tenu de les marier [1]. »

La coutume de Labourt ajoute seule :

« Et quant à ses frères puînez de père et mère, et du côté dont les biens viennent, leur est tenu bailler la quarte partie seulement de la légitime que de droit leur appartient, et s'ils ont été mariez par les père et mère, ayeul ou ayeule, ou l'un d'eux, ne peuvent aucune chose quereller ou demander en la succession [2]. »

Selon les deux coutumes :

« L'aîné ou aînée qui succède ès biens de lignée est tenu payer les dettes que le père ou la mère ont faits tant à marier fils que filles moderement ayans regard à la qualité d'iceux biens [3]... »

Il paraît résulter de ces articles que les fils comme les filles puînés, mariés, et partant dotés convenablement, n'ont plus aucun droit sur la succession de leurs parents. On voit aussi que l'héritier ou l'héritière n'est tenu d'établir ses sœurs puînées qu'autant qu'elles servent à la maison ou ailleurs, au profit de la maison sans doute. Le mariage est présenté aux cadettes comme une prime au zèle qu'elles apportent dans le service de l'aîné. C'est marquer peu de faveur pour leur établissement. Mais le mariage des puînés, en général, ne tendant point à la conservation des biens dans les familles, ne pouvait être qu'un objet subsidiaire, presque étranger à des coutumes dont cette conservation était le but principal.

Dans les vallées de Barège, Lavedan, etc., la quotité des légitimes était du moins fixée d'une manière invariable. C'était, à cet égard, la loi romaine qui avait prévalu. Les parents pouvaient disposer de leurs acquêts selon leur volonté, mais à la condition de ne point entamer la légitime qu'ils devaient à leurs enfants sur tous leurs biens, de quelque nature qu'ils fussent. Elle était prise sur tous les biens laissés, même sur les biens légués, même, en cas d'insuffisance, sur les biens donnés entre vifs [4].

---

[1] Coutume de Labourt, *Des successions ab intestat*, XIX ; coutume de Soule, Des successions *ab intestat*, XXXIV.

[2] Coutume de Labourt, *loc. cit.*, XX.

[3] Coutume de Labourt, *loc. cit.*, XXI ; coutume de Soule, *loc. cit.*, XXXV.

[4] Pour fixer les légitimes, on fait une masse des biens de souche et des acquêts. On rapporte fictivement les biens donnés et légués. Les légitimes

L'aîné y avait sa part comme les autres enfants, part égale à la leur, indépendamment de ses droits sur les biens de souche, dont les trois quarts étaient indisponibles [1].

Les cadets, les cadettes ne se mariaient point pour la plupart. Ils demeuraient dans la maison natale qui subsistait, à vrai dire, par leur abnégation. Cette abnégation devenait une passion véritable, sans laquelle on ne saurait comprendre ces existences privées de joies et remplies de labeurs. Le cadet qui n'avait point d'enfants s'attachait à ses neveux et nièces, ainsi qu'à des enfants propres. Il prenait à cœur leurs intérêts comme les siens. Berger de la famille, s'il obtenait pour lui-même quelques têtes du troupeau, s'il spéculait sur leur produit, sa bourse s'en augmentait, mais non pas sa dépense : il amassait longuement et péniblement pour autrui.

Ces hommes vivaient et ils mouraient sur la montagne, au milieu de leurs troupeaux. Exclusivement nourris de petit-lait, de millet, de sarrasin, de maïs, ils buvaient l'eau des sources, ils ignoraient le vin. La chair du porc, qui fut toujours commune dans ces contrées, et du pain de qualité médiocre leur composaient un repas délicieux. A cette sobriété ils joignaient des mœurs pures, une chasteté souvent irréprochable. Quels étaient leurs plaisirs? De paître leurs brebis, de suivre leurs génisses, de jouir, à leur insu même, du magnifique tableau des monts pyrénéens ; de contempler, dans un ciel épuré, des étoiles plus brillantes ; d'élever sans cesse leur pensée jusqu'à Dieu. L'amour ne se détruit pas, il se déplace seulement : ils aimaient leurs troupeaux, le pacage fertile et pittoresque, la prospérité de la maison, leurs parents, les enfants qui la représentaient, Dieu surtout, invoqué dans de fréquentes prières. Quand, aux jours consacrés, les soins du bercail les retenaient bien haut sur la

---

sont calculées sur cette masse d'après le nombre des enfants, suivant la Novelle *De triente et semisse* :

> Quatuor aut infra natis dant jura trientem,
> Semissem vero, fuerint si quinque vel ultra.

Pour les couvrir, on appelle à contribuer : 1° les biens de souche, pour une fraction dépendant du nombre des enfants ; 2° les acquêts libres jusqu'à concurrence de la totalité ; 3° le quart libre des biens de souche ; 4° à défaut, pour parfaire, les legs ; 5° et si les legs ne suffisent pas, on rapporte réellement les donations, en commençant par la dernière.

[1] Noguès, *loc. cit.*, p. 163 et suiv.

montagne, absents de l'église de pierre, ils se mettaient à ge-
noux, ils semblaient écouter un service invisible dans un plus
vaste temple, sous la coupole du ciel.

Les héritiers de maison témoignaient aux puînés une certaine
déférence, des soins, une confiance par laquelle il était bien juste
qu'ils payassent leurs travaux. Mais il faut le dire aussi, à la
honte de notre espèce, qui est partout la même, il arrivait parfois que le zèle des puînés ne recueillait que de l'ingratitude.
Alors, malheur à eux! Leur vie devenait, avec l'âge, un sup-
plice. Mal vêtus, privés du nécessaire, ils pouvaient envier
quelque chose au jeune chien du troupeau, mieux nourri qu'eux,
parce qu'il était utile. On m'a cité, dans l'une des vallées du
Lavedan, deux vieux cadets, l'un homme et l'autre femme (ils
avaient bien chacun quatre-vingts ans), tous deux employés à
ces travaux pénibles qui maintiennent la fortune d'une maison
pastorale, travaux sans salaire, on le sait, le cadet n'étant, à
vrai dire, qu'un domestique sans gages de sa sœur, de son frère,
de ses neveux ou nièces. Ces deux octogénaires, dans toute leur
vie dévouée, n'avaient pourtant réussi qu'à faire des ingrats. On
les traitait comme de vils animaux. Ils ramassaient çà et là,
dans la dure maison des aïeux, quelques restes, desquels ils vivaient tristement. Que de fois on les vit cueillir à de chétifs
pommiers leurs fruits, verts encore comme le lierre, et, tirant
quelque croûte de leur poche, broyer ce maigre déjeuner entre
deux cailloux empruntés au lit du torrent : ils n'avaient plus de
dents alors ; ils végétaient ainsi quand la mort, pour eux com-
patissante, termina leur douloureuse carrière.

Telle devait être parfois, trop souvent sans doute, la dure
condition des cadets dans les vieilles sociétés régies par nos coutumes. Car, dans l'application d'une loi défectueuse, il se rencontre toujours des hommes pires que la loi.

Les cadets, à la fin, voulurent s'émanciper, trafiquer pour
leur compte, se faire un gros pécule, et alors, achetant des
troupeaux qu'ils hivernaient dans les plaines de Gascogne, ils
les amenaient, l'été, sur les pacages communs de leurs montagnes natales. Les chefs de maison se plaignirent du nombre in-
fini de ces bêtes qui dévoraient toute l'herbe du pays. On légi-
fère contre cette invasion. Je vois une commune, celle d'Aucun,
établir un octroi sur les troupeaux des fils de famille..., qui

les conduisent au printemps sur les montagnes de son territoire [1].

Ce n'est pas que le fils, demeurant chez son père, n'eût aussi,
et dès le bas âge même, son agneau, sa brebis et son petit troupeau. Tantôt ce troupeau résidait au dehors et l'enfant en payait
l'entretien sur le croît; tantôt, nourri dans la maison, le croît
s'en partageait entre le père et le fils. C'était là une manière
d'intéresser l'enfant aux travaux du berger. Se mariait-il plus
tard, ce pécule pastoral s'imputait sur sa dot. — A Barège, le
fils obtenait un certain nombre de jours, dans lesquels il pouvait
travailler pour lui-même : il liait des fagots, portait des charges,
faisait au dehors l'office de domestique, et de ses salaires, len-
tement accumulés, il achetait à la fin quelques têtes de bétail. Car
tout tendait, dans ces montagnes, à l'élève des troupeaux, qui en
furent très-longtemps la principale ou même l'unique ressource.

Les puînés, dont nous venons de tracer les devoirs et les droits
au sein de la famille, quittaient le célibat pour contracter des
mariages de deux sortes : ils s'alliaient à des chefs de maison et
continuaient alors, sous le régime dotal, obligatoire pour eux,
sans acception de sexe, leur rôle subordonné. Ils pouvaient aussi
se marier entre eux et stipuler dans ce cas une communauté de
biens, régime plus libéral, auquel ils devaient le nom de *meyladés*, signifiant qu'ils étaient de moitié dans les acquêts [2].

La coutume du Lavedan ne mentionne pas ces mariages de
puînés; mais ils étaient d'usage dans le pays. La communauté
n'existait qu'autant qu'elle était établie par acte.

Dans la coutume de Barège, les articles 13 et 15 réglementent
la matière. Il faut tenir, en dépit de leur ambiguïté, que là,
comme dans le Lavedan, la communauté dérivait des contrats.

Noguès en rapporte un grand nombre, où elle est déclarée
d'une manière explicite. C'est, par exemple, une puînée qui se
marie avec cette clause, que si elle vient à succéder à son frère
aîné, héritier, son mari sera traité comme gendre; sinon les
futurs époux seront *sterles* ou *meyladés*, et profiteront des avantages que la coutume leur donne. Étrange alternative, qui fait
dépendre de la mort d'un tiers et qui tient en suspens le régime
même du mariage !

---

[1] Archives municipales d'Aucun, an XIII.
[2] Voir ici, et pour ce qui va suivre, Noguès, *loc. cit.*, p. 251 à 291.

Plusieurs contrats entre puînés sont exclusifs de la communauté. Ici, l'un des époux se constitue une légitime pour la porter à son conjoint, qui, de son côté, est institué héritier : nulle société entre eux. Là, il n'est fait mention que de la légitime que chacun des conjoints porte à l'autre : il n'y a point d'institution d'héritier ; il n'y a pas non plus de clause impliquant que les époux seront communs.

Toutefois, le régime de la communauté accompagnait, plus souvent qu'aucun autre, les mariages de cadets. Il devait être stipulé par écrit le jour de la célébration, soit avant, soit même après, ce dont il y a de nombreux exemples : ainsi encore le régime des époux pouvait n'être définitivement fixé que dans le cours de leur union.

La communauté dont il s'agit ici était surtout une société de profits et pertes, dans laquelle chacun des contractants prenait la moitié des acquêts en supportant la moitié des dettes. On peut inférer d'un passage de Noguès [1] que les dettes consenties par l'un ou l'autre époux obligeaient également la communauté. Il dit ailleurs que le mari avait seul l'administration des biens communs, qu'il pouvait les vendre ou les obliger de sa propre autorité, mais que la femme ne le pouvait point [2]. — Indépendamment des acquêts, les légitimes constituées aux époux tombaient, sous un certain rapport, dans leur société : car elles devaient contribuer aux dettes, en cas d'insuffisance des acquêts ; cette contribution se faisait par égalité, sans égard à la quotité respective des légitimes, étant juste que les pertes fussent réparties de la même manière que l'eussent été les profits, s'il y en avait eu. — Les biens donnés ou légués à l'un des *meytadés* ne tombaient point dans la communauté, à moins qu'ils ne l'eussent été expressément, en considération de l'autre conjoint. — A la mort de l'un d'eux, le survivant partageait les acquêts avec l'héritier du décédé. A l'égard des légitimes, il se faisait un règlement qui prouve bien que celles-ci n'étaient qu'imparfaitement comprises dans la communauté. Au lieu de former une seule masse, partageable comme les acquêts, les légitimes restaient distinctes. L'époux survivant reprenait d'abord la sienne ; et, de plus, s'il n'y avait point d'enfants de son mariage, il retirait

[1] Noguès, *loc. cit.*, p. 279.
[2] *Ibid.*, p. 301.

encore la moitié de la légitime de son conjoint décédé ; avantage
notable, qui dépassait en faveur ce que lui eût procuré le principe de la société, rigoureusement appliqué aux légitimes.

On voit donc qu'un *meytadé*, par cela seul qu'il se déclarait
tel, était censé avoir disposé irrévocablement de la moitié de sa
légitime au profit de son conjoint survivant, s'il n'y avait point
d'enfants issus de leur mariage. L'autre moitié de sa légitime
appartenait et retournait à son héritier coutumier. La réserve de
celui-ci qui, dans tout autre cas, eût été des trois quarts, parce
que les légitimes se traitaient comme les biens de souche, tom-
bait alors des trois quarts à la moitié ; néanmoins, son intervention au contrat, qui diminuait ses droits, n'était point nécessaire,
bien que cela eût fait question[1].

Parmi les douceurs du régime qui nous occupe, il faut rappeler la faculté donnée au *meytadé* survivant, qui a des enfants,
« de se remarier sur les biens du décédé, pour en avoir l'usufruit,
en nourrissant lesdits enfants jusqu'à ce qu'ils soient mariés ou
majeurs[2]. » Cette faculté n'était point accordée au puîné, qui,
ayant épousé un héritier de maison et lui ayant survécu, venait
à convoler en secondes noces[3]. Le *meytadé*, qui était censé entrer pour moitié dans l'acquisition des biens transmis à ses enfants par son conjoint prédécédé, y avait plus de droits que la
coutume ne voulait en reconnaître au gendre ou à la bru sur les
biens que leurs enfants, selon la fiction légale, tenaient exclusivement du patrimoine de leur père ou mère, héritier.

A ces exceptions près, l'hérédité des puînés, mariés sous le
régime de la communauté, suivait toutes les règles du droit successoral, que nous avons fait connaître.

Un certain nombre de puînés embrassaient l'état ecclésiastique, et ils devaient alors justifier d'un fonds dont le revenu
fût suffisant pour les entretenir. Le fonds assigné à cet effet
prenait le nom de *titre clérical*. Le prêtre n'en avait que l'usufruit, usufruit inaliénable par des raisons tirées de la dignité de
son ministère. Le fonds lui-même pouvait être vendu ou hypo-

[1] Noguès, *loc. cit.*, p. 289, 290.
[2] Art. 14. La mère avait ce droit aussi bien que le père, mais à la condition qu'elle eût gardé la viduité pendant l'an de deuil, *conformément au
droit commun*. Noguès, *loc. cit.*, p. 292 et suiv.
[3] Art. 25.

théqué par celui qui l'avait constitué ou par son ayant cause. La vente produisait son effet, si le prêtre venait à acquérir un bénéfice, ou, de quelque autre manière, un bien qui assurât son existence. Dans ce cas, sinon à son décès, le titre faisait retour à la maison qui l'avait fourni. Dans la coutume de Lavedan, le retour avait lieu, mais seulement au décès [1].

D'après Noguès, le titre clérical doit être imputé par le prêtre sur sa légitime. S'il la dépasse, il n'est pas néanmoins sujet à réduction. « C'est là un privilége introduit pour empêcher que les ministres du Seigneur n'avilissent la religion, en tombant dans la mendicité. » Ce privilége cesse, si l'ecclésiastique a d'ailleurs de quoi fournir à son entretien.

La dot d'une religieuse n'est point sujette au rapport. Ce n'est point une donation, car on ne donne point à une personne qui devient dans le moment incapable de recevoir. C'est plutôt un contrat onéreux avec le monastère, duquel on achète le droit de l'ensevelir. La religieuse, étant réputée morte, n'a plus rien à prétendre sur la succession de ses parents, ne fait pas nombre pour légitimer et ne rapporte point [2].

La rigueur avec laquelle les cadets étaient traités par la loi civile se retrouvait pour eux dans la loi politique. Dans la la vallée de Barège, les seuls chefs de famille, à l'exclusion des puînés, prenaient part aux élections municipales. Zamacola assure que les Basques n'accordaient le droit de suffrage qu'aux maîtres de maison (*etcheco-jaunac*), intéressés par état au maintien de l'ordre et au bon gouvernement du pays. Ceux qui étaient pourvus de cette qualité, riches ou pauvres, allaient au vote [3].

Des titres que j'ai lus dans la vallée d'Azun, dépendante du Lavedan, et dans celle de Ferrières, qui lui est contiguë, me font croire que, dans ce pays du moins, les avantages politiques ou autres, attachés à la qualité de voisin (*besi*) ou membre de la cité locale, profitaient exclusivement à la branche aînée des

[1] Attestation du sénéchal de Bigorre..., art. 4; coutume de Barège, art. 18. Noguès, *loc. cit.*, p. 387 et suiv.

[2] Noguès, *loc. cit.*, p. 401 et suiv.

[3] *Historia de las naciones bascas*, Auch, 1818, epoca tercera, capitulo tercero. — Aujourd'hui même, dans la vallée d'Andorre, les cadets sont exclus des charges publiques, à moins qu'ils n'épousent une héritière. *De l'Andorre*, Toulouse, 1823, p. 18.

familles indigènes, ou censées telles par l'ancienneté de leur établissement, et dans ces branches, à l'aîné de la maison. — Il faut noter, parmi ces avantages, le droit si important de propriété collective sur les montagnes, qui ouvre à des pasteurs l'accès d'immenses pacages ; droit qui fut reconnu par le roi Charles VII, dans ses lettres patentes datées de 1415, aux habitants de la vallée d'Azun, sur les montagnes sises dans leur territoire. — Un partage qui se fit entre toutes les communautés de cette vallée, « pour des raisons de commodité et de convenance, » assigna son lot à chacune d'elles. C'est ainsi que les communes d'Arrens et de Marsous furent mises en possession du quartier des Ferrières, qui se trouve dans leur proximité.

Ce lieu sauvage, fréquenté d'abord d'une manière temporaire, ne reçut de demeures fixes que vers le quinzième siècle. Un hameau s'y forma dès lors ; il s'accrut par la suite, mais ne put être érigé en commune que dans le siècle dernier, après un long procès entre ses habitants et ceux des communes d'Arrens et de Marsous. Il y a précisément une instruction pour nous dans ces débats, qui durèrent soixante-dix ans, avec une vivacité croissante.

Les habitants du hameau ne prétendaient rien moins que la propriété sans condition de leur séjour. Ils alléguaient, entre autres arguments, qu'ils étaient, ainsi que leurs adversaires, originaires d'Arrens et de Marsous, ayant par suite droit de propriété sur les montagnes communes ; mais qu'étant autrefois sortis de l'indivision, ils avaient obtenu, d'une manière exclusive, le quartier des Ferrières. — A quoi les gens des deux villages répondaient qu'ils leur déniaient tout droit réel, qu'ils n'étaient que leurs fermiers dans les lieux qu'ils occupaient : « Vous invoquez, disaient-ils, notre origine commune ; mais, ou vous êtes des étrangers, et partant des intrus, auxquels nous avons consenti des baux, qui ne sont pas même des emphytéoses ; ou vous êtes nos cadets ; nous voulons bien en reconnaître parmi vous, de ceux que nous appelons *esclos* ou esclaves, en français. Vous avez quitté nos maisons pour vous marier au hameau des Ferrières. La preuve que vous êtes nos cadets, c'est que vous ne portez plus les noms que nous portons, et que, selon nos usages, vous avez adopté ceux de vos épouses. Quel avantage

pouvez-vous retirer d'être nos compatriotes, lorsque les droits
dont vous vous prévalez n'appartiennent parmi nous qu'aux
chefs de nos familles ; vous ne l'êtes point, car c'est nous qui le
sommes ; vous n'avez pu garder des droits que vous n'eûtes
jamais. »

Tel était le langage que tenaient, au nom de leurs vieilles
lois, des hommes jaloux de leur propriété et en même temps de
tous leurs priviléges ; car ils imposaient au hameau le joug de
leurs consuls, et ils prétendaient le maintenir. — Ils ne se bor-
nèrent pas à des paroles, ils firent acte de maître, en démolis-
sant à main armée une chapelle, que ceux des Ferrières éle-
vaient trop haut, suivant leur estime ; l'autel fut exposé par eux
à toutes les injures de l'air : c'était un sacrilége. L'évêque de
Tarbes intervint près du roi. Une telle violence décida la question. Le roi jugea en faveur des *esclos*, les affranchit, leur accorda
le droit de nommer leurs consuls, de députer aux États de Bigorre. Nos gens devinrent propriétaires, et le hameau fut érigé
en commune, sous le nom d'Arbéost. — Mais cet arrêt de 1743
ne régla pas toutes les difficultés, que soulevaient sans cesse des
plaideurs extrêmement animés, et leur ardeur fit voir, jusqu'à
la Révolution, tout ce que peuvent inspirer à des communes ri-
vales le vœu de la liberté d'une part, et de l'autre l'obstination
à soutenir des prérogatives immémoriales.

CHAPITRE V. — LES BIENS DE SOUCHE.

**Conservation des biens dans les maisons. — Restrictions à la
faculté de disposer. — Communauté de famille chez les Basques.**

Nous avons vu prévaloir à Barège, dans l'ordre des successions, dans le régime du mariage, dans les lois relatives aux
cadets, le grand principe de la conservation des patrimoines. Ce
principe domine toutes les coutumes dont nous nous occupons.
C'est lui qui consacre le droit d'aînesse, qui l'exagère, qui rompt
les liens de la parenté en supprimant les successions collatérales ; c'est lui qui place les cadets dans une dure servitude, qui
fait du conjoint dotal un instrument de travail pour la maison
où il entre, qui l'y retient, qui brise en lui, s'il résiste, la puissance maritale, la puissance paternelle. C'est lui enfin qui,

92

restreignant la faculté de tester, de donner, ou même de contracter à titre onéreux, impose au droit de propriété des bornes qu'il nous reste à connaître.

La propriété n'a point été peut-être, chez les peuples anciens, ce droit individuel, absolu, que les Romains définissaient « le droit d'user et d'abuser des choses. » Tout au contraire. Une certaine communauté, réglée par les chefs politiques, dut présider d'abord à la possession du sol. C'est ainsi que, chez les premiers Germains, les terres appartenaient à l'Etat [1] : elles étaient distribuées aux familles, et, dans chacune d'elles, aux individus libres et forts. Ce qui avait été du domaine de l'Etat devint, avec le temps, le patrimoine des familles. Ce patrimoine était commun entre parents, les fils y avaient des droits du vivant même du père, qui ne pouvait aliéner les propres sans leur consentement. On distingua les biens en propres et acquêts : ceux-ci fruits du travail, ceux-là transmis par héritage. La faculté de disposer des acquêts commença l'émancipation de la propriété.

M. Giraud, qui retrouve dans le droit attique cette copropriété des membres de la famille, fait remarquer que, chez les Athéniens, la liberté de tester n'existait pas avant Solon. Le chef ne pouvait disposer arbitrairement d'un patrimoine qui appartenait à toute la parenté. « Chez les peuples anciens, dit-il, les successions *ab intestat* ont précédé les testaments, qui sont relativement d'institution récente [2]. » C'est ce même droit primitif, retenu par les coutumes du moyen âge, qui dicta la maxime : «Dieu seul peut faire un héritier, » lorsqu'à Rome, cette patrie de l'omnipotence du chef, on disait, dès la loi des Douze Tables : *Uti legassit, ita jus esto.* Testament fait loi.

L'histoire juridique des peuplades ibériennes, le peu qu'on en connaît, nous reporte aux mêmes évolutions. Les Vaccéens, par exemple, qui pouvaient être un mélange d'Ibères et de Celtes, partageaient annuellement la terre, et les fruits étaient communs entre eux, au récit de Diodore de Sicile. Humboldt[3] voit avec

---

[1] *Revue de législation,* juillet à décembre 1842, t. XVI, p. 41.

[2] *Du droit de succession chez les Athéniens.* Ch. Giraud, 1842.

[3] *Pruefung der Untersuchungen ueber die Urbewohner Hispaniens, vermittelst der vaskischen Sprache, von Wilhelm von Humboldt (Examen des Recherches sur les habitants primitifs de l'Espagne au moyen de la langue basque, par Guillaume de Humboldt).* Berlin, 1821, p. 151.

raison dans ce fait la preuve d'un état social tout à fait primitif.

Il est à regretter que l'auteur d'une histoire des nations basques, Zamacola, ne cite point d'autorités suffisantes de ce qu'il avance de très-vraisemblable d'ailleurs sur d'anciennes lois de ces peuples [1]. D'après lui, ils n'auraient point toujours connu les patrimoines ou fortunes particulières; à une certaine époque, ils travaillaient tous au profit de la communauté. Celui qui surpassait ses compatriotes dans un genre de travail était payé par de certains avantages et par l'estime publique. Ils nommaient des surveillants agricoles chargés de faire aux assemblées particulières et à l'assemblée générale un rapport sur l'état de la terre. Ceux qui en avaient augmenté le produit recevaient des louanges et des récompenses. Ceux qui avaient été négligents étaient blâmés, et si leur conduite impliquait un vice ou du mauvais vouloir, ils étaient frappés d'une amende et pouvaient être dépossédés de l'administration de leurs biens [2].

Zamacola assure et il est vraiment probable que l'indivision territoriale a cessé chez les Basques plus tard que chez les autres peuples. Il fait même dériver de là cet esprit fraternel que l'on remarque en eux, et qui est un des traits de leur patriotisme [3]. Ces sentiments, dit-il, se conservent de nos jours dans un pays où les patrimoines sont à peu près égaux, et où par conséquent les familles n'ont pas lieu de se jalouser entre elles. Zamacola parle d'un antique et égal partage de la terre, par petites portions entre les habitants, partage auquel il est aisé de croire. Il ajoute que si le mariage réunissait deux héritages dans la même famille, ils devaient être laissés séparément à deux enfants ou petits-enfants, afin que les fortunes ne s'accumulassent point sur une seule tête. Mais outre que ces arrangements ne sauraient concerner les Basques de France, chez lesquels les héritiers et héritières ne paraissent guère s'être mariés entre eux, les textes positifs me manquent pour suivre sur ce terrain l'aventureux auteur espagnol.

[1] *Historia de las naciones bascas*, Zamacola ; Auch, 1818. *Fueros y reglamentos antiguos de los Bascos*, epoc. terc., capit. terc.

[2] L'agriculture, toujours en honneur chez les Basques, fait encore de la Biscaye le pays le mieux cultivé de l'Espagne.

[3] Les travaux des Basques espagnols et tous leurs amusements ont un caractère de généralité qui rappelle la communauté de l'âge primitif. Zamacola, *loc. cit.*

La coutume de Barège nous amène à une phase sociale où la communauté des terres entre citoyens est déjà fort éloignée, où même la communauté entre parents est abolie, mais où des lois restrictives de la faculté de disposer, tout au moins à titre gratuit, prouvent encore l'importance qu'on attache à la conservation des biens dans les familles. On songe d'abord à conserver les familles elles-mêmes, c'est-à-dire à les perpétuer par le mariage. Les impuissants n'héritent point, parce qu'ils ne sauraient procréer. — Ni les moines, censés morts civilement. — Ni les prêtres, que leurs vœux rendent inhabiles au mariage. — Sont exclus les prodigues, les fous, les imbéciles de sens et de jugement, parce qu'ils compromettraient les biens de la famille [1]. — Voici comment s'exprime l'article 2 de la coutume :

« Le premier-né soit mâle ou femelle ne peut être héritier s'il se trouve incapable : comme s'il est justement condamné à mort, aux galères perpétuelles ; si de droit il est inhabile au mariage, furieux, prodigue ou imbécile de sens et jugement, qu'on appelle en vulgaire du pays *pec* ou *taros ;* mais tel inhabile, furieux, prodigue, imbécile ou *taros*, doit être nourri et entretenu dans la maison natale pendant sa vie : et après sa mort, la légitime doit rester dans la maison à la charge de faire ses honneurs funèbres et de faire prier Dieu pour son âme [2]. »

Nous remarquerons, sur cet article, que le fou qui recouvre la raison, le prodigue qui se corrige, ne reprennent point le fidéicommis coutumier. Une fois exclus, ils le sont pour toujours. La coutume, qui a pour objet de mettre le bien des familles en mains sûres, ne se fie point à un homme qui a été une fois ou fou, ou prodigue [3].

Les imbéciles de sens et jugement (*pec*, animal, *taros*, cruche) sont ici ces êtres dégénérés que l'on rencontre dans les Pyrénées comme dans les Alpes, que la science appelle *crétins* lorsqu'ils

---

[1] *La Coutume de Barège, conférée avec les usages, ou Coutume non écrite du pays du Lavedan*, etc., par Me M.-G. Noguès, avocat en Parlement ; Toulouse, p. 56 et suiv.

[2] Si un homme ayant des enfants est condamné à la mort naturelle, ou à une peine emportant mort civile, ou s'il devient fou, ou s'il est déclaré prodigue, la qualité d'héritier, dont il est privé, passe alors sur la tête de l'aîné de ses enfants. La coutume est muette ; Noguès décide ainsi, d'après une loi romaine. *Ibid.*, p. 103 et suiv.

[3] Noguès, *ibid.*, p. 91 et suiv.

ont subi un arrêt de développement, *idiots* lorsqu'ils présentent
une organisation vicieuse. Ils apparaissent partout où le goître
est endémique et sévit avec force. Le goître attaque la première
génération, détériore davantage la seconde, et l'on voit naître à
la troisième, çà et là, quelques-uns de ces malheureux. La coutume, interprète des usages du pays, règle leur sort avec humanité et les traite en chrétiens.

Les prêtres, ainsi que les impuissants (la prêtrise est une
impuissance conventionnelle), pouvaient être héritiers dans le
Lavedan [1]. C'est une inconséquence sous l'empire d'une coutume qui, comme celle de Barège, tendait à la conservation des
patrimoines et des familles.

Il est curieux que Noguès, pour avoir soutenu par des textes
et par de bonnes raisons que la coutume de Barège excluait les
ecclésiastiques, se soit vu un moment honni dans cette vallée
que ses talents honoraient. L'intérêt, l'ignorance cabalèrent
contre lui, et, pour avoir bon marché de son livre, on répandit
d'abord qu'*il méritait d'être jeté au feu.* Là-dessus, l'auteur du
Commentaire reprit sa plume et écrivit une brochure [2] dans laquelle il répond aux sottises par de nouvelles raisons. Les prêtres, dit-il, seraient-ils fort à plaindre? Ce sont toujours des
cadets de famille. Les aînés n'embrassent point l'état ecclésiastique ; ils travaillent le bien et propagent la famille. La prêtrise offre aux Barégeois un sort plus tranquille et plus doux ;
elle leur assure un revenu plus solide et plus fort que celui de
leurs aînés, charges payées, dans les maisons natales. La coutume qui décide contre les ecclésiastiques n'a d'ailleurs nul
dessein de les humilier. On peut l'avancer avec certitude, il
n'est pas dans le royaume un pays où les prêtres soient et aient
été de tous les temps plus en vénération qu'à Barège. N'est-ce
point assez pour eux, sans contrarier la coutume, que l'honneur
dont ils jouissent et l'aisance où ils vivent [3]?

Noguès nous apprend à propos que « la vallée de Barège, si
l'on excepte environ douze bourgeois, qu'on ne peut pas regarder

---

[1] Selon l'usage du pays. Noguès, *ibid.*, p. 103.

[2] *Eclaircissements sur la question, sçavoir : si les ecclésiastiques constitués
dans les ordres sacrés sont habiles à succéder aux biens dont la coutume
de Barège dispose,* etc., à Pau, de l'imprimerie de J.-P. Vignancour, etc.

[3] *Ibid.*, p. 17 et suiv.

pour les plus riches, n'est composée que de laboureurs dont la fortune est fort médiocre [1]. » Nous savons, en effet, par toutes les lois que nous avons exposées, que l'on ne visait point à réunir les fortunes, mais à maintenir dans leur intégrité les patrimoines existants. Cet esprit absolu de conservation, nous venons de le voir agissant pour écarter des biens les personnes dont la gestion serait peu sûre. Montrons à présent les limites qu'il assigne au droit de disposer entre les mains de ceux qui ont recueilli les héritages.

Il y a lieu, dans la coutume de Barège, à distinguer les biens, suivant leur origine, en *acquêts* et *biens de souche*. Sont considérés comme acquêts les biens acquis par travail et industrie [2], et ceux avenus par légat ou donation étrangère : ces derniers ne nous venant point par le bénéfice de la loi ou de la coutume, mais nous arrivant, par rapport à nous-mêmes, en vertu d'une libéralité, il est naturel, dit Noguès, que nous en puissions disposer comme acquêts [3].

A contrario, les biens échus par succession, ou directe ou collatérale, et ceux donnés par les ascendants, où l'on voit toujours un avancement d'hoirie, sont réputés biens de souche [4] ; *avitins*, si le décédé les tenait de ses père et mère ou autres ascendants ; *propres naissants* dans la personne de l'héritier, s'ils n'étaient qu'acquêts dans celle du décédé ; soumis, sans égard pour cette sous-distinction, aux mêmes lois restrictives.

La coutume de Barège ne permet pas aux héritiers qui ont des enfants de disposer à titre gratuit de rien de leurs biens de souche. Les puînés laïques qui vivent dans le célibat et les prêtres ne peuvent pas davantage disposer de leur légitime. Mais Noguès nous apprend qu'un usage postérieur à la rédaction de la coutume lève généralement cet interdit pour un quart [5].

La coutume [6] accorde la disposition du quart au légitimaire marié, lorsqu'il n'a point d'enfants, et l'usage étend cette faveur

---

[1] *Eclaircissements*, etc., p. 18.

[2] Art. 7.

[3] *La Coutume de Barège conférée avec les usages, ou Coutume non écrite du pays du Lavedan*, etc., p. 170.

[4] *Ibid.*, p. 171.

[5] *Eclaircissements sur la question, scavoir : si les ecclésiastiques*, etc., p. 14 et 15.

[6] Art. 9.

à celui qui a des enfants. Les puînés qui se marient entre eux pour être communs, de la manière que nous avons définie, se donnent éventuellement la moitié de leur légitime, et le survivant, qui reprend toute la sienne, retient la faculté d'en disposer pour moitié [1].

Ainsi, à part ce dernier cas, les légitimes étaient, du temps de Noguès, indisponibles pour les trois quarts, de même que les biens de souche, dans les mains de l'héritier qui avait des enfants. Celui qui n'en avait point voyait son droit s'étendre du quart à la moitié, mais à Barège seulement [2]. Dans la coutume du Lavedan, l'héritier avec ou sans enfants ne pouvait disposer que de la quarte [3].

Ces restrictions, qui frappaient également la faculté de tester et celle de donner entre vifs, ne s'étendaient point ou avaient cessé de s'étendre aux contrats faits à titre onéreux. Dans la coutume de Barège [4] :

« Les pères et mères héritiers des maisons, encore bien qu'ils constituent leurs aînés héritiers par pactes de mariage, peuvent et ont la liberté d'aliéner ou échanger des biens de la maison, en cas de besoin ou nécessité, ou s'il est trouvé convenable pour l'utilité de la maison. »

Selon cet article, l'héritier coutumier peut échanger, aliéner, hypothéquer les biens de souche, pourvu qu'il agisse utilement et sans fraude. S'il use du bénéfice qui lui est accordé, les biens qu'il aliène sont remplacés sur les acquêts. — La même doctrine résulte, pour le Lavedan, de deux arrêts rendus au parlement de Toulouse et relatés par Noguès [5]. L'un d'eux, du 10 septembre 1757, renferme la prétention d'une des parties de s'appuyer sur « la véritable coutume du Lavedan, rédigée par écrit en l'an 1214, sous l'autorité de Bernard, comte de Bigorre, suivant laquelle les trois quarts des biens de souche auraient été inaliénables. » La Cour rejeta la prétendue pièce en date de 1214, comme in-

---

[1] Art. 13.

[2] Art. 4. — L'héritier sans enfants disposait, à Barège, de la moitié des biens de souche, dans lesquels il faut comprendre la légitime de celui de ses parents qui en avait porté une ; de sorte que, dans ses mains, cette légitime était disponible pour moitié.

[3] Comme le légitimaire Art. 1 et 3 de la coutume du Lavedan.

[4] Art. 5.

[5] La Coutume de Barège, conférée, etc., p. 117.

forme et indigne de foi. Tout au moins alors, le fidéicommis de l'héritier n'était pas une substitution proprement dite. Il n'empêchait point les contrats à titre onéreux que celui-ci pouvait de son vivant consentir sur les biens de souche. Il n'eût pas empêché non plus la confiscation de ces mêmes biens, si, par un privilége dont elles jouirent constamment, les vallées de Lavedan et Barège n'eussent pas été exemptes de la confiscation [1].

La disposition des acquêts, selon les deux coutumes, était complétement libre à cette seule condition, de ne point diminuer la légitime due aux enfants, sur ces biens comme sur tous autres. Il est naturel, dit Noguès, que l'on puisse disposer à son gré de ce dont on n'est redevable qu'à soi-même; nous avons en quelque manière plus de droit sur les biens que nous avons acquis que sur ceux que nous n'avons que par succession de nos ancêtres [2].

Mais, à défaut de disposition spéciale, les acquêts, de même que les propres, allaient indistinctement à l'héritier coutumier. Dans le Lavedan seulement, les pécules *castrense* et *quasi castrense* étant exceptés de la coutume [3], la transmission de ces biens suivait le droit écrit.

Les dettes personnelles de l'héritier, ainsi que ses dispositions entre vifs ou à cause de mort, étaient renvoyées d'abord sur les acquêts, ensuite sur cette portion des biens de souche dont il avait la libre disposition. Le reste de ces biens constituait une réserve, un fonds privilégié, auquel on touchait le moins possible [4].

Les légitimes ayant le caractère de biens de souche, d'après les définitions que nous avons données, les dettes des légitimaires s'imputaient, selon les mêmes préférences, sur les acquêts, la quarte disponible et. en cas d'insuffisance, sur les trois quarts réservés de la légitime. Toutefois, dans la coutume de Barège, le prélèvement avait lieu, sans ces distinctions, sur la totalité des propres et des acquêts, soit à l'égard du simple légitimaire, soit à l'égard de l'héritier *collatéral*. En sorte que, dans cette matière, s'il faut accepter les décisions de Noguès [5], la coutume

---

[1] *La Coutume de Barège conférée*, etc.. p. 71 et suiv.; p. 178.
[2] *Ibid.*, p. 167.
[3] Art. 7 de la coutume du Lavedan.
[4] Noguès, *loc. cit.*, p. 125 et 126.
[5] *Ibid.*, p. 146 à 151; p. 215.

de Barège eût été plus libérale que celle du Lavedan, mais aussi moins fidèle au soin de conserver les patrimoines.

D'autres dispositions tendaient, dans les deux coutumes, à remplir cet objet. Nous avons signalé l'une des plus énergiques, celle qui assurait aux maisons qui les avaient fournies le retour des légitimes existantes dans la succession des puînés, ou de leur postérité, si reculée qu'elle fût, lorsqu'elle venait à s'éteindre. Nous ne reviendrons pas sur un ordre successoral qui dépasse en rigueur les règles coutumières ordinaires, et notamment la règle bien connue *paterna paternis, materna maternis*, que l'on retrouve partout où le législateur s'est soucié de retenir les biens dans les familles. Mais nous dirons un mot du retrait lignager.

Cette faculté de racheter un fonds vendu, pour les parents de la ligne d'où le fonds provenait, se lit dans les fors de Béarn, comme dans les coutumes basques, et je crois dans toutes celles du coutumier de Bordeaux. — A Barège, le parent le plus proche était, dans le retrait, préféré au plus éloigné ; cela sans considérer s'il était ou non le plus habile à succéder [1]. Mais dans le Lavedan [2], ainsi que dans les pays de Labourt et de Soule, un système plus logique basait l'ordre des retrayants sur celui des héritiers en succession. — Dans nos vallées, la faculté de retraire se prescrivait dans l'an et jour entre présents ou absents. Mais la coutume de Soule [3] accordait quarante et un ans à compter du jour du contrat. C'était singulièrement favoriser le retour, mais laisser bien longtemps la propriété incertaine.

Les coutumes du ressort de Bordeaux, qui admettent un héritier coutumier, distinguent aussi les biens, selon leur origine, en propres et acquêts ; mais les propres ne comprennent pas autant que les biens de souche à Barège, et par suite les acquêts comprennent davantage.

Dans les coutumes de Marsan, Tursan et Gabardan, et dans la coutume d'Acs, il n'est question que de biens avitins, dont voici la définition : « Et sont des biens avitins, quand seront passez par deux successions, et viendront à la troisième [4]. » Cette

---

[1] Art. 17 de la coutume de Barège.

[2] Art. 11 de la coutume du Lavedan.

[3] *De recrubis de biens papoaux et avitins, et dret de retention*, tit. XIX, art. 1er.

[4] Coutumes de Marsan, Tursan et Gabardan, *Des successions*, art. 5.

définition, d'accord avec l'étymologie du mot, n'embrasse point
les propres naissants dans la personne de l'héritier, simples acquêts dans celle du décédé, qui, à Barège, faisaient partie
des biens de souche.

Les coutumes de Labourt et de Soule expriment nettement
cette distinction : « Les biens *de lignée, papouaux et avitins*, sont
dits et entenduz, par la coustume, ceux qui proviennent et descendent de l'aïeul, aïeule ou de plus haut degré, soit meubles ou
immeubles. — Acquêts sont dits et censés, non-seulement en la
personne du premier acquérant, mais aussi en la personne de
son premier héritier ou succédant, soient acquis par industrie,
ou des fruits des biens de lignée [1]. »

On trouve les mêmes définitions des acquêts dans la coutume
de Saint-Sever [2], des avitins dans la coutume de la Navarre française. « Seront, dit cette dernière, considérés comme avitins les
biens qui se trouveront avoir été possédés par trois personnes
d'un même lignage successivement héritières l'une de l'autre,
soit en ligne descendante, soit en ligne ascendante ou collatérale, compris l'acquéreur et le vendeur [3]. » C'est à cette sorte de
biens que s'appliquent les restrictions légales en faveur des héritiers.

En général, dans les coutumes qui suivent ces distinctions,
notamment dans celles de Marsan, Tursan et Gabardan, on ne
peut disposer des avitins qu'au profit du lignager, héritier coutumier. C'est la réserve de ces temps-là, mais accordée au privilége et non à la nature. Quand l'héritier n'est pas un descendant,
sa réserve, moindre, n'est plus égale à la totalité des avitins ;
mais par exemple aux deux tiers. La coutume de Bayonne est
plus large, elle donne un choix parmi les lignagers. Le père et
la mère peuvent avantager l'un quelconque de leurs enfants de
tout ou partie des biens avitins et papoaux, laissant la *lar*
(maison principale) à l'aîné. Disposition analogue à l'égard des
collatéraux, lorsque le testateur n'a point d'enfants. Liberté absolue de tester des biens acquêts [4].

---

[1] *De venditions et autres aliénations*, titre V des coutumes de Labourt,
art. 7 et 8 ; titre XVII des coutumes de Soule, art. 5 et 6.

[2] *De testaments et successions*, tit. XII, art. 3.

[3] *Los fors et costumas deu royaume de Navarre deça ports.* Pau, 1722.

[4] Coutumes de Bayonne, *De testaments*, art. 6 et autres.

Dans les coutumes du pays basque français, la disposition des avitins est beaucoup plus restreinte. Mais autant les avitins sont liés par des règles empruntées au motif politique, autant les acquêts sont libres, en dehors de ces règles.

La loi les affranchit elle-même, dans les successions *ab intestat*. Il n'y a plus de droit d'aînesse : les enfants viennent par tête aux acquêts de leurs parents [1]; il n'y a plus de règle *paterna paternis*, *materna maternis*; à défaut d'enfants, les père et mère succèdent, ou l'un deux *entièrement*, à défaut de l'autre [2]. Les frères et sœurs d'un seul côté sont préférés à tout oncle, selon le vœu de la nature [3].

Toutes les entraves étant levées, la faculté de tester s'exerce sans contrainte. Dans le Labourt et la Soule, « chacun peut disposer de ses acquêts à son plaisir..., pourvu que, s'il y a enfants, il laisse à chacun d'iceux quelque chose desdits acquêts, si peu soit-il [4]. »

Au contraire, s'il s'agit de biens patrimoniaux, la faculté de disposer soit à titre gratuit, soit à titre onéreux, est paralysée dans les mains de l'héritier. « La totalité des biens avitins, dit la coutume de Navarre, ne peut être aliénée que pour de grandes nécessités, et par la permission de justice. — Des parties de biens avitins peuvent être aliénées sans autorisation, pour marier fils ou fille...., pour se racheter soi ou ses enfants de la prison, pour se nourrir, pour bâtir ou rebâtir maison, pour acquérir d'autres biens plus avantageux, et pour payer dettes *légitimes* [5]. » Les dettes ne se payent sur les biens avitins qu'à défaut des acquêts.

[1] Coutumes de Labourt, *Des successions ab intestat*, art. 6. Coutumes de Soule, même titre, art. 22.

[2] Coutumes de Labourt, *Des successions ab intestat*, art. 7. Coutumes de Soule, même titre, art. 23.

[3] Coutumes de Labourt, *Des successions ab intestat*, art. 8. Coutumes de Soule, même titre, art. 24. *Los fors et costumas deu royaume de Navarre deça ports, De testaments et successions*, art. 15.

[4] Coutumes de Labourt, *Des testaments et exécuteurs d'iceux*, art. 3. Coutumes de Soule, même titre, même article.

[5] « L'aisné ou aisnée qui succède es biens de *lignée* est tenu payer les debtes que le pere ou la mere ont faits, tant à marier fils que filles moderement, ayant regard à la qualité d'iceux biens et aussi les autres debtes qu'ils ont faits en cas de nécessité *et non autrement*. » *Des successions des decedez sans testament*, tit. XII, art. 21, de la coutume de Labourt; tit. XXVII, art. 35, de la coutume de Soule.

Les coutumes de Labourt et de Soule, dont j'ai le texte sous les yeux, déclarent de même que « l'on ne peut vendre, hypothéquer, ou autrement aliéner les biens *papoaux et avitins*, si ce n'est pour assignation de mariage, ou urgente nécessité.... » Et elles ajoutent cette disposition remarquable :

« Et aliénations autrement faites sont nulles et de nul effet et valeur, *si ce n'est qu'elles soient faites du consentement de l'aisné émancipé, ou du prochain, qui par la coustume doit succéder* [1]. »

Et encore dans les deux coutumes : « Des biens avitins l'on ne peut tester *que du consentement de celui qui doit succéder.* — Et s'il est fils, faut qu'il soit émancipé [2]. »

Ces articles établissent fort nettement une copropriété de l'héritier présomptif dans les biens avitins, lesquels ne peuvent être aliénés sans son concours. Ils nous reportent à cette phase secondaire du droit, où la propriété, ayant déjà cessé d'appartenir à la cité, à la tribu, au peuple, n'est pas encore individualisée, mais où elle repose sur tous les membres d'une famille, qui peuvent l'invoquer, non-seulement à cause de mort, mais encore du vivant les uns des autres. On peut caractériser cet état juridique par le mot *communauté de famille*. Conservé jusqu'à nous chez les Basques de France, il y autorisait de très-curieux partages entre ascendants et descendants, partages forcés de génération en génération ; nous verrons que l'État les contrôlait, qu'il pouvait au besoin les étendre ou les abolir, sans autre considération que celle de la bonne gestion des patrimoines et de l'intérêt général ; nous reconnaîtrons là un vestige permanent de ce droit tout à fait primitif, qui faisait de l'État le seul propriétaire de la nation.

Singuliers arrangements, que ceux que nous lisons dans les trois coutumes basques [3] ! Les droits attachés au mariage se dérivaient moins du sexe que de la qualité de chaque époux. Celui des deux qui représentait une maison, qui détenait des biens patrimoniaux, s'appelait le propriétaire (*proprietari*); et l'autre, qui portait une dot et ne représentait rien, s'appelait l'adventice

---

[1] *De venditions et autres aliénations*, art. 1er, tit. V, de la coutume de Labourt ; titre XVII de la coutume de Soule.

[2] Titre *Des testaments et exécuteurs d'iceux*, art. 4, dans les deux coutumes.

[3] Titre *Des droits de mariage*, dans les coutumes de Labourt et de Soule. Titres *De pay et filh* et *De matrimonys*, dans la coutume de Navarre (*los fors et costumas deu royaume de Navarre deça ports*, etc.).

(*adventici*), mot barbare, mais qui désigne très-bien l'époux advenu sur l'héritage de son conjoint.

Toutes les fois qu'il y avait des enfants du mariage, l'aîné, soit fils, soit fille, s'établissait à son tour avec un conjoint dotal, et voici ce qui se passait alors : cet enfant, premier-né, remettait à ses parents la dot qu'il recevait, pour être employée aux nécessités de la maison (à marier fils et filles, *les filles de préférence*[1], etc.), et cette obligation accomplie, s'il voulait demeurer à part, il pouvait exiger d'eux la moitié divise des biens de ligne, biens et charges compris.

Dans cette situation nouvelle, l'enfant était dit émancipé[2], et il ne lui avait fallu, pour cela, que le consentement à son mariage de celui de ses parents qualifié propriétaire; où l'on voit que la puissance des parents n'était pas une question de sexe.

Mais l'enfant émancipé, fils ou fille, ne pouvait aliéner sa portion sans le consentement du parent copartageant[3]; de même que celui-ci ne pouvait vendre la sienne sans le concours de l'enfant, les cas de nécessité urgente exceptés, soit pour l'un, soit pour l'autre.

Si, lors du mariage de l'enfant, l'un de ses parents était mort, il n'était tenu de remettre au survivant que la moitié de la dot qu'on lui portait; mais il ne pouvait toujours exiger de lui que la moitié divise des biens de ligne, dans la coutume de Labourt[4]. Les coutumes de Soule et de Navarre[5], restées plus attachées à la diversité de condition des époux, n'accordent à l'*adventice survivant* qu'un quart de la dot apportée à l'enfant, et ne lui laissent non plus que le quart des biens de ligne. Quart ou moitié, la part de l'adventice n'est jamais qu'en jouissance[6].

Ces règles de partage obligatoire entre les parents et l'héritier direct s'appliquent à la deuxième génération comme à la

[1] Coutume de Navarre, titre *De pay et filh*, art. 9.
[2] Titre *De venditions et autres aliénations*, art. 2, dans les coutumes de Soule et de Labourt.
[3] Titre *De venditions et autres aliénations*, art. 6, dans les coutumes de Soule et de Labourt.
[4] *Des droits de mariage*, art. 12, 17, 28.
[5] Coutume de Soule, *Deus drets de maridadge*, art. 11, 21, 22. *Los fors et costumas deu royaume de Navarre deçà ports*, *De pay et filh*, art. 10, 11.
[6] Il a le quart des immeubles en jouissance et le quart des meubles en toute propriété, dans la coutume de Soule, *Deus drets de maridadge*, art. 12.

première. D'où il résulte que, dans ce système bizarre, les fils, petits-fils et arrière-petits-fils succèdent à leurs ascendants de leur vivant. Cela visiblement, afin que la terre et les héritages prospèrent dans de jeunes mains, promptes, actives, attachées au travail par une propriété immédiate.

Les dispositions finales du chapitre *Des droits de mariage*, dans les deux coutumes de Labourt et de Soule, décèlent le vice moral de cette organisation de la famille, qui dut mettre trop souvent les parents à la discrétion de leurs aînés. Voici ces dispositions textuelles :

« Si le survivant (soit père, soit mère de l'héritier) commence mal user des biens à lui échus en partage, et iceux biens n'entretient comme est requis, l'aîné ou aînée le peut requérir de lui rendre icelle moitié, et qu'il renonce à l'usufruit, offrant le nourrir.

« Le survivant peut être à ce contraint, lequel, comme dessus est déclaré, doit être nourri par l'enfant[1]. »

Ainsi un père, une mère, peuvent être, de leur vivant, dépouillés entièrement de leurs biens et réduits à la condition de simples pensionnaires de leurs enfants.

La coutume a bien moins songé ici au maintien de l'autorité et de la dignité des parents qu'à la stricte conservation des patrimoines et au bon entretien des héritages.

En revanche : « Si l'aîné ou aînée n'entretient pas, comme est requis, la moitié d'iceux biens de lignée, à lui baillée en partage, le survivant, père ou mère, le peut contraindre, comme est déclaré de l'enfant au survivant[2]. »

Ainsi, surveillance mutuelle : le père ou la mère surveille l'enfant, l'enfant surveille son père ou sa mère. La coutume, qui ne veut que la bonne culture et la conservation des biens, donne le prix au meilleur administrateur, donne raison au parent contre l'enfant, à l'enfant contre le parent, et la propriété au plus digne.

De ce que nous avons vu que l'époux *adventice* ou dotal est cojouissant, dans une certaine mesure, des biens de lignée de son conjoint prédécédé, il ne faut pas conclure de là à un régime

---

[1] *Des droits de mariage*, art. 25 et 26, dans la coutume de Labourt; art. 29 et 30, dans la coutume de Soule.

[2] *Des droits de mariage*, art. 28, dans la coutume de Labourt; art. 32, dans la coutume de Soule.

du mariage qui serait la communauté entre époux. Le terme *communauté de famille*, dont nous nous sommes servi, ne doit pas être entendu dans ce sens. Quelle est en effet la position de l'*adventice*, à la dissolution du mariage ? Est-ce celle d'un époux commun ? — Cette position est double, soit qu'il ait des enfants, soit qu'il n'en ait pas. — Dans la première hypothèse, il ne recouvre point sa dot, qui demeure dans la maison où il est établi. Il obtient des compensations. Il jouit d'abord des biens du décédé, jusqu'à ce que l'aîné des enfants se marie. Celui-ci doit lui remettre alors la moitié ou le quart, selon les coutumes, de la dot qu'il reçoit ; et s'ils viennent au partage, l'*adventice* garde la moitié ou le quart des biens de ligne, qui retournent à l'enfant. On ne dit point qu'il ait part aux acquêts du mariage.

Il en est autrement dans la seconde hypothèse, quand l'époux *adventice* survit, n'ayant point d'enfant. Il a droit alors de retirer sa dot, laquelle était, à cet effet, hypothéquée sur tous les biens du décédé. Dans la coutume de Soule, il prend en outre une portion des acquêts[1], la moitié ou le tiers, suivant son sexe. La tierce part concédée à la femme rappelle les lois barbares et les Capitulaires. Elle n'est peut-être qu'une vieille innovation dans le plus ancien droit basque. Quelle que soit la date de tous ces arrangements, ils constituent plutôt une succession aux acquêts, dans un cas donné, qu'un partage ensuivant la communauté entre époux[2].

Cette communauté a pourtant existé chez les Basques ; mais il faut la chercher, comme à Barège, dans les mariages formés entre cadets. Là, elle naquit suivant une loi qui se vérifie d'ordinaire, de l'égalité dans la condition des époux, d'une médiocrité commune, d'un commun labeur pour réparer les injustices

[1] La coutume de Labourt, partout plus favorable à l'époux adventice, ne mentionne pas son droit de partager les acquêts. Ce doit être une lacune. Elle ne peut être comblée par ce qui est dit, au début du titre *Des droits de mariage*, d'une communauté entre époux, qui ne me paraît applicable qu'à ceux qui se sont respectivement porté une dot. Les termes sont à peu près les mêmes que ceux du titre correspondant de la coutume de Soule, laquelle déclare expressément n'avoir en vue que cette catégorie d'époux.

[2] Si l'on veut à toute force admettre une communauté, je ne pense pas qu'on puisse la dire régie par le mari. Elle le serait plutôt, sans considération de sexe, par celui des époux qui est propriétaire. Coutume de Soule, *Deus drets de maridadge*, art. 18 et 20. Coutume de Labourt, même titre, art. 16.

du sort. Ceux que les Barégeois appelaient *meytadès* ou *sterles*, se nommaient *soult* et *soulte* chez les Basques. Ils étaient de moitié dans les acquêts. Les biens assignés au mariage ne pouvaient être aliénés que de consentement mutuel. Au contraire, les acquêts se trouvaient entièrement dans la main du mari[1], qui, « comme seigneur d'iceux, » pouvait en disposer « à son plaisir et volonté. » La femme s'obligeant seule n'obligeait point le mari, et ne pouvait être poursuivie sur ses biens propres qu'à la mort de ce dernier[2]. — Nous savons qu'à Barège le survivant des époux communs, à défaut d'enfants, profitait de la moitié de la dot de son conjoint. Dans la Navarre française, il héritait de cette dot entière et de la totalité des acquêts, du moins *ab intestat*[3]. Ce bénéfice aléatoire n'est point de l'essence de la communauté, il en diffère beaucoup; il dénote pourtant un régime libéral, puisque des primes équivalentes sont offertes aux époux, qui en courent l'aventure.

Les coutumes basques, que nous venons de voir veiller avec tant de sollicitude à la conservation des patrimoines, ne cherchent pas moins à assurer une descendance aux familles. De là, pour chaque personne, la liberté absolue de se marier après un certain âge. Dans la coutume de Soule[4], les mâles à vingt-cinq ans, les femelles à dix-huit, sont libres de s'établir contre le gré de leurs parents, sans perdre aucun de leurs droits : sauf cependant à ne pouvoir demander aucune part dans les biens avitins, du vivant de leurs parents, s'ils ont pris époux sans dot. Toujours moins absolue dans l'application des principes, la coutume de Labourt[5] retarde l'âge de la liberté, et fixe respectivement vingt-huit ans pour les mâles, et vingt pour les femelles. Lisez vingt-cinq et vingt dans les fors de Navarre[6]. — La puissance

---

[1] Anciennement admise dans la Navarre espagnole, où elle était inséparable du mariage, la communauté d'acquêts y traitait mieux la femme. Le mari ne pouvait pas plus aliéner les acquêts sans son consentement qu'il n'eût pu aliéner ses *arrhes* ou son douaire. Alonso, *Leyes y fueros de Navarra*; Madrid, 1848, t. 1er, p. 156.

[2] Voir les premiers articles du titre *Des droits de mariage*, dans les deux coutumes de Soule et de Labourt.

[3] *Los fors et costumas deu royaume de Navarre deça ports*, *De matrimonys*, art. 4.

[4] *Des successions ab intestat*, art. 28, 29.

[5] *Ibid.*

[6] *De pay et filh*, art. 6.

des parents n'est pas, comme on le voit, ce qui préoccupe le plus des coutumes qui fondent l'ordre social sur la perpétuité des familles, qui leur demandent sans cesse des chefs jeunes, valides, capables d'exploiter les héritages, au plus grand avantage de tous, sous la tutelle suprême de l'État.

CHAPITRE VI. — LA RÉVOLUTION.

Réforme des coutumes de Barège et de Lavedan en 1768. — Le Code civil et les mœurs actuelles.

Nous avons fait ressortir, dans les coutumes des hautes et des basses Pyrénées et jusque dans les Landes, les rudiments d'une législation antique, que nous pouvons résumer en ces termes : droit d'aînesse sans distinction de sexe; dotalité du mari ou de la femme; servitude des cadets ; communauté de famille. En même temps nous n'avons pas laissé que de montrer çà et là diverses innovations successivement introduites dans ces coutumes. Ainsi, dans le pays basque, grand nombre de familles nobles ajoutent au droit d'aînesse celui de masculinité. Ainsi le Béarn, au seizième siècle, opère la même réforme dans toutes les classes. Chez les Basques, la succession aux acquêts se conforme à la nature, quand celle des avitins suit une loi rigoureuse. Adouci pour le conjoint dotal, le mariage lui accorde, s'il survit sans enfants, une part dans les acquêts. A Barège, l'influence du parlement de Toulouse se fait sentir. Les droits de la femme héritière sont ceux de la femme paraphernale. La quotité des légitimes des cadets est fixée par une novelle. L'émancipation romaine se glisse dans un pays [1] où l'on reconnaît à peine la puissance paternelle. Toutefois ces décisions de la jurisprudence ne sont pas indiquées dans le texte de la coutume, non plus que l'extension donnée par l'usage à la faculté de disposer des biens de souche. — Les coutumes basques conservent, de plus que celles de Lavedan et Barège, ce remarquable vestige d'antiquité : la communauté de famille.

C'est principalement des coutumes de Lavedan et de Barège que nous nous sommes occupé, et ce sont elles aussi que nous

---

[1] *La Coutume de Barège conférée avec les usages, ou Coutume non écrite du pays du Lavedan*, etc., par Noguès ; Toulouse, p. **230**.

allons voir réformer, en l'année 1768. On est à la veille de la révolution, et cependant ce n'est point aux idées libérales qu'il convient de rapporter le changement qui s'opère. Dirigé contre le droit des filles, il a surtout pour but d'assurer à la noblesse la faculté d'avantager ses fils. Le tiers état ne désire pas autre chose pour lui-même. Les deux ordres s'entendent, afin de rendre possible la préférence des mâles, contrairement à l'ancienne coutume. De leur côté, les ecclésiastiques se plaignent d'être sans cesse réduits à de simples légitimes dans la vallée de Barège, et ils veulent enfin hériter comme tout le monde. D'autres vœux se font jour à la suite de ceux-là. Le mouvement préparé dans la vallée de Barège, les vallées du Lavedan, la ville de Lourde, le pays de Rivière-Ousse, la baronnie des Angles et le marquisat de Bénac, dépendant du comté de Bigorre, éclate dans l'assemblée générale des états du comté. On entend dominer les cris de la noblesse, qui ne veut relever que de la loi romaine et qui qualifie, contre toute vraisemblance, de *prétendue coutume* une tradition respectable, cent fois constatée. Il est temps d'en finir avec ces vieux usages, et l'on s'adresse au roi. Le roi députe deux conseillers au parlement de Toulouse, pour réunir les gens des trois états du pays intéressé, ensemble les syndics des états de Bigorre et les officiers du sénéchal, et pour convenir avec eux d'une rédaction nouvelle et unique des coutumes. Ce travail fut achevé et publié à Tarbes le 17 décembre 1768 et homologué en la Cour de Toulouse, le 21 janvier 1769 [1].

En voici les dispositions principales.

D'abord il est fait droit aux réclamations du clergé. « Les ecclésiastiques non nobles pourront recueillir toute succession [2]. » Ainsi les prêtres rentrent dans la faculté d'hériter par coutume, dont ils étaient exclus à Barège, comme inhabiles au mariage.

En second lieu, les nobles, soit ecclésiastiques, soit laïques, disposeront librement de leurs biens, *selon le droit écrit* [3]. Ainsi la noblesse est affranchie de la coutume.

Suivent les articles qui concernent le tiers.

---

[1] *Coutumes anciennes et nouvelles de Barège*, etc.; Bagnères, 1837. *Procès-verbal des coutumes nouvelles et coutumes nouvelles.*

[2] *Coutumes nouvelles*, tit. Ier, art. 1er.

[3] *Ibid.*, tit. II, article unique.

L'ordre des successions n'est point changé *ab intestat*, lorsqu'il y a des enfants ou descendants, des frères, sœurs, neveux, nièces, ou même des petits-neveux ou petites-nièces. Mais il peut l'être par la volonté du testateur. Les père et mère, soit aînés, soit cadets de maison, acquièrent la faculté de se choisir un héritier parmi leurs enfants [1]. On pense relever ainsi l'autorité des parents, compromise par le fidéicommis, qui leur donnait un héritier forcé. A défaut d'enfants, les héritiers et les héritières peuvent faire un choix parmi leurs frères et sœurs, ou neveux ou nièces, et, à défaut de ceux-ci, parmi leurs petits-neveux et petites-nièces; et s'ils n'ont point de parents de cet ordre, ils disposent librement de tous leurs biens [2].

Les puînés mariés à des chefs de maison ou à d'autres puînés ne peuvent pas, à défaut d'enfants, disposer de leur légitime. Elle fait retour, comme par le passé, à l'héritier de la maison d'où elle est sortie [3]. Mais le retour ne sera plus perpétuel, il doit cesser sur la tête des petits-enfants du légitimaire [4].

Par une exception en faveur du clergé, l'ecclésiastique peut laisser sa légitime à l'un ou l'autre de ses frères ou sœurs, de ses neveux ou nièces, et, à leur défaut, à l'un ou l'autre de ses petits-neveux ou petites-nièces. Lorsqu'il n'a point de parents de cet ordre, il est libre de tous ses biens [5].

On se conforme au droit écrit pour le reste des successions.

Dans le mariage, une innovation équitable allége la position du mari ou de la femme dotale et les met à l'abri de l'ingratitude de leurs enfants. Les gendres ou brus, c'est ainsi qu'on les nomme, profitent de la moitié des acquêts faits, durant leur union, par leur travail et industrie et non à tout autre titre [6]. On suppose que les père et mère du conjoint héritier sont prédécédés. Dans le cas contraire, les gendres ou brus ne retirent que le quart des acquêts [7]. En tout cas, la loi nouvelle leur

---

[1] Pour tous leurs biens, nobles ou non. *Coutumes nouvelles, Des successions en ligne directe*, tit. III, art. 1er; *Des gendres et brus*, tit. VI, art. 1er; *Des puînés mariés ensemble, appelés vulgairement* STERLES, tit. VII, art. 3.

[2] *Ibid., Des successions en ligne collatérale*, tit. V, art. 1er.

[3] *Ibid., De la légitime; supplément et retour d'icelle*, tit. IV, art. 4.

[4] *Ibid.*, tit. IV, art. 6.

[5] *Ibid.*, tit. I, art. 2 et 4.

[6] *Ibid., Des gendres et brus*, tit. VI, art. 10.

[7] *Ibid.*, tit. VI, art. 17.

accorde dans ces biens la part à laquelle ils sont censés avoir contribué par leur travail.

L'idée romaine de la puissance paternelle fait déférer au gendre qui survit à sa femme héritière la libre administration du bien de ses enfants, *sa vie durant*, à moins qu'il ne convole [1]. La bru survivante ne jouit pas d'un bénéfice égal. Son administration prend fin lors du mariage, ou à la majorité (fixée à vingt-cinq ans) de celui de ses enfants qui a hérité de son mari [2]. Le gendre qui sort de la maison par incompatibilité ou pour raison de convol en secondes noces, n'est plus tenu d'y laisser la moitié de sa dot [3].

La coutume nouvelle s'occupe aussi des puînés mariés entre eux. Elle les déclare communs, sans qu'il soit besoin de contrat, aux acquêts tant industriels qu'autres par eux faits durant leur union. Le mari administre, mais les deux conjoints ne peuvent ni s'obliger ni aliéner séparément [4]. Le mari survivant à sa femme conserve, sa vie durant, l'usufruit des biens de ses enfants, à moins qu'il ne convole [5]. La femme survivante est traitée comme la bru, à l'égard de cette jouissance [6]. En défaut d'enfants, le gain de survie accordé aux époux est maintenu dans une autre assiette, mais il n'est plus irrévocable, il peut être annulé par le conjoint [7].

Un article important affranchit les cadets, ces esclaves (*esclaus*) de l'ancien droit. Ils acquièrent désormais pour eux-mêmes, non pour leurs père ou mère, frère ou sœur, héritier [8]. C'est l'une des meilleures dispositions de la coutume. Elle s'en rapporte au droit écrit, pour les cas qu'elle omet ou qu'elle n'a point prévus [9].

[1] *Coutumes nouvelles*, tit. VI, art. 11.

[2] *Ibid.*, tit. VI, art. 18.

[3] *Ibid.*, tit. VI, art. 13.

[4] *Ibid.*, *Des puînés mariés ensemble, appelés vulgairement* STEULES, tit. VII, art. 1 et 2.

[5] *Ibid.*, tit. VII, art. 7.

[6] *Ibid.*, tit. VII, art. 13.

[7] *Ibid.*, tit. VII, art. 16.

[8] Tel est le sens qu'il faut donner à l'article 7 et dernier du titre IV, *De la légitime ; supplément et retour d'icelle*, dans les *Nouvelles coutumes*. Sont abrogés par là les articles 16 de l'ancienne coutume de Barège et 9 de l'attestation du sénéchal.

[9] *Ibid.*, *Des cas omis et non prévus*, tit. IX et dernier, article unique.

L'ensemble de ces dispositions paraît devoir être attribué à
Noguès, alors conseiller et procureur du roi au siége consulaire
de la vallée de Barège et député de cette vallée à l'assemblée
réformatrice[1]. Il est aisé d'en démêler l'esprit. Limiter le fidéicommis coutumier à de certaines classes de personnes, et pour
le surplus rentrer dans le droit commun ; restaurer l'autorité des
parents, en leur donnant le pouvoir de faire héritier l'un ou
l'autre de leurs enfants, sans être lié par l'ordre de la naissance ;
étendre, en général, les facultés testamentaires, soit en donnant
un choix dans une catégorie d'héritiers, soit, à défaut de ceux-ci,
lever toutes les entraves à la disposition des biens de souche ;
restaurer en particulier la puissance paternelle, en accordant
au père l'administration viagère des biens de ses enfants ; réha-
biliter le mari dotal, en l'admettant au bénéfice des acquêts, et
étendre, par esprit de justice, cette faveur à la femme dotale ;
délivrer en partie les cadets de la sujétion de leurs aînés ; se
montrer à la fois plus romain dans les successions, plus libéral
dans le mariage, moins injuste envers les cadets, moins favorable aux aînés, mais ouvrir la porte à l'exclusion des femmes :
telles furent les vues que Noguès présenta au nom de ses com-
mettants, qu'il fit valoir et qu'il fit triompher.

A cette date, 1768, voilà donc les vieilles coutumes en partie
abrogées. D'un côté, la noblesse et le clergé leur échappent.
De l'autre, le droit des femmes cesse d'être assuré. Il dépend
désormais de la volonté des parents de dépouiller leurs filles
aînées de la qualité d'héritières. Dans cette incertitude, elles ne
sont plus d'avance maîtresses dans la maison, elles doivent
quitter leurs airs de souveraines, et, si elles sont frustrées, elles
ne choisiront plus dans la foule des cadets un époux jaloux de
les conquérir.

Tel est le sens ironique d'une chanson populaire, qui naquit
à cette époque et que je demande la permission de rapporter,
parce qu'elle confirme tout ce que j'ai avancé au sujet des
héritières. Quelquefois attribuée, mais à tort, au grave magistrat
qui prit une si grande part à la confection de la loi nouvelle,
cette œuvre, peu poétique d'ailleurs, serait due à un certain

[1] Noguès remit à l'assemblée un cahier ou projet de réforme, dont il
était l'auteur, et qui avait été approuvé par la vallée de Barège. Ce projet
passa presque entièrement dans les Coutumes nouvelles.

abbé Ducos, ancien curé de Loubajac, village compris dans la coutume. Il est bon de dire que le pays coutumier se composait du Lavedan [1] d'abord, qui formait six vallées, plus celle de Barège, que l'on comptait ordinairement à part. Les six vallées étaient : la vallée de Davantaygue, dans le bassin d'Argelès, sur la rive droite du Gave ; sur la rive gauche, la vallée, ou, pour parler le langage local, la rivière de Saint-Savin, remontant jusqu'à Cauterets ; puis l'Extrême-de-Salles, au revers d'Argelès ; la belle vallée d'Azun avec une partie de la gorge des Ferrières ; plus près de Lourde, la vallée de Castelloubon et celle de Batsurguère. Tout ce pays est coupé, hérissé de montagnes, adossé au Marboré, au Vignemale, la plus haute des Pyrénées françaises ; l'accès en est défendu de toutes parts par d'étroits défilés ; c'est ce pays même, dont nous savons qu'il ne connut jamais ni le servage, ni les plus grands excès de la féodalité.

La coutume s'étendait en outre sur la ville de Lourde, sentinelle placée en deçà du Lavedan, sur Bénac, un marquisat, les Angles, une baronnie, sur le pays de Rivière-Ousse, où l'on remarque Ossun, bourg important, Poneyferré, Loubajac, Peyrouse, Lamarque, Adé, etc. Trois autres villages, Gardère, Luquet, Séron, nommés par le poëte, bien qu'enclavés dans le Béarn, faisaient néanmoins partie de la Rivière-Ousse.

A l'aide de ces notions, nous pouvons aborder la *Chanson des Héritières.* J'en donne le texte en langue vulgaire du Lavedan, qui se rapproche beaucoup du dialecte béarnais, et je place en regard une traduction littérale. Si cette pièce a subi quelques altérations, en passant de bouche en bouche, elle est restée fidèle à l'esprit et aux mœurs du peuple qui nous l'a conservée [2].

LAS (OU ERAS) COUSTUMES DE LABÉDA.	LES COUTUMES DE LAVEDAN.
Gran desplasé en Labéda,	Grand déplaisir en Lavedan,
La coustume qué s'ba cambia.	La coutume va être changée.
Si lou bourrèou dé Paü	Que le bourreau de Pau
Labè hèt hè lou saü,	Lui eût fait faire le saut,
Ou quaüque mala brume	Ou qu'une mauvaise brume
Qu'abousse poudut estouffa	Eût pû étouffer
Lou prémé qui parla	Le premier qui parla
D'arrèhè la coustume !	De refaire la coutume !

[1] Labéda, *abies*, sapin, la région des sapins.
[2] J'en dois une version à M. Trébucq, inspecteur primaire, qui la tenait lui-même des instituteurs du pays.

Mal-ayé èra may qui l'a créat
Et qui èra caouse n'ey esta t
D'aquét càmbiamen
Dit dét Parlamen,
Disen las dé Barétyé [1];
Maou-grat ès parens,
Caousiben las yens :
Oh! quin dous pribilétyé [2]!

En Dabantaygue caou ana
En t'aous né béyé désoula.
Tout qu'ey en plous,
En nas bounes maysous,
Sustout las ayrétères,
Dé s'béyé rétira
Lous drets dé mestréya :
Ah! las bounes estalières!

Las dé Sales, dé Sen-Sabi,
Toutes qué s'founden dé chagri ;
Las dé Caoutérés
Qué nou'n pòden més,
Ni las dé l'Arribère [3]
Aou marcat d'Aryélès [4]
Nou anèran més esprès :
Adiou, la boune chère!

Lou lengatyé dé las d'Azù,
Qu'en ey més dous et més ségù;
Pourbù qu'ayen bi,
Nou n'an nat chagri :
Et dan' s'en bère tasse [5],
Bets' a fé, mé billous,
Si laous yèt amourous,
Coupétéyem amasse [6]!

Malheur à la mère qui l'enfanta
Et qui fut cause
De ce changement
Dit du Parlement,
Disent celles de Barège ;
En dépit de leurs parents,
Elles choisissaient leurs époux :
Oh! quel doux privilége!

Il faut aller en Davantaygue,
Pour voir comment on s'y désole.
Tout est en pleurs
Dans les bonnes maisons,
Surtout les héritières,
Qui se voient retirer
Le droit de commander :
Ah! les superbes ménagères!

Celles de Salle, de Saint-Savin
Fondent toutes de chagrin ;
Celles de Cauterets
N'en peuvent mais;
Et celles de la *Rivière*
Au marché d'Argelès
N'iront plus exprès :
Adieu, la bonne chère!

Le langage de celles d'Azun
Est plus doux et plus sensé ;
Pourvu qu'elles aient du vin,
Elles n'ont point de chagrin :
Versez-en, disent-elles, plus d'une
Par ma foi, enfants,   [tasse.]
Si l'amour vous en dit,
Vidons des coupes ensemble!

[1] Le poëte imite le dialecte barégeois. Chaque vallée a ses idiotismes, dont on se raille dans la vallée voisine.

[2] Les filles aînées, sous l'ancien droit, ne craignaient point d'encourir le déplaisir de leurs parents, qui ne pouvaient leur ôter la qualité d'héritières.

[3] La *Rivière* ou vallée de Saint-Savin.

[4] Le marché d'Argelès est le rendez-vous commun de ces vallées pour les affaires et pour les plaisirs. On y sort quelquefois de la sobriété des pasteurs.

[5] La *tasse* est une mesure de capacité qui équivaut au demi-litre.

[6] Ces expressions relèvent du dialecte d'Azun. Chacun alors avait sa coupe de bois, on la portait sur soi ; il n'y avait point de verres.

En Batsurguère qu'an rasou ;	Elles ont raison en Batsurguère ;
Cadue qu'a bèt sa proubisiou ;	Chacune a fait sa provision ;
Creinté dé maou tens	Craignant le mauvais temps,
Ou dé cambiamens,	Ou les changements,
Qu'an boulut per abance	Elles ont voulu par avance
Hè despièt aou Rey	Narguer le roi
Et à toute sa ley,	Et toute sa loi,
Et da proufit en France ¹.	Et aider à peupler la France.
Nou n'y a coum las dé Castelloubou;	Nulles comme celles de Castelloubon;
Toustém qué s'plagnen dab rasou.	Elles se plaignent toujours à bon [droit.]
Forcé courtisans,	Force courtisans,
Couliès et rubans,	De colliers et de rubans,
Qu'anàban croumpa à Lourde.	Allaient leur faire emplette à Lourde.
Més, d'aré en là	Mais désormais
Nou'n caou més parla,	N'en faut parler,
Touts hèn l'aoureille sourde.	Ils font tous la sourde oreille.
Yendrés et nores dé Bénac,	Gendres et brus de Bénac,
Dets Anglés et dé Loubayac,	Des Angles et de Loubajac,
Dé Peyrouse et d'Adé,	De Peyrouse et d'Adé,
Lamarque et Poneyherrè,	De Lamarque et de Poueyferré,
Toute l'Arribère-Ousse,	De toute la Rivière-Ousse,
Nou aouran més proucès	N'auront plus de procès
Dab lous ayrétès :	Avec les héritiers :
Ah! qui ne ley ta douce!	Ah ! que cette loi est douce !
Bén caou parla d'u gran Moussù,	Il faut parler d'un beau Monsieur
Tà las ayréterès d'Aoussù !	Pour les héritières d'Ossun !
Qué s'en hèt mesprets	Elles ont fait mépris
Dé richés caddets,	De riches cadets, [chettes.]
Perqué nou aben manchettes ² :	Parce qu'ils n'avaient point de man-
D'aré en là, lous aran goy,	Dorénavant elles les aimeront
Qué sian lais ou béroys,	Laids ou beaux,
Dé pò d'esta soulettes.	De peur de rester seulettes.
Gardères, Luquèt et Sérou,	Gardères, Luquet et Séron,
Soun en grâne désoulaciou.	Sont en grande désolation.

¹ C'est une satire des mœurs de Batsurguère. Les filles aînées, craignant de se trouver sans fortune, et par suite sans époux, se sont vouées à des amours illégitimes. — Si elles s'étaient hâtées de se marier, elles se seraient assuré les avantages de l'ancien droit. La loi nouvelle (article 2 du titre III) excepte en effet de ses dispositions « les enfants premiers-nés qui se trouveraient mariés lors de la publication, enregistrement et homologation de la présente rédaction... »

² A Ossun l'héritier portait des manchettes. Le cadet n'en portait point.

Tout qu'ey doulous	Tout est en deuil
Per toutes las maysous,	Dans les maisons,
Sustout las ayrétorès.	Surtout les héritières.
Maou-dit siè lou Rey	Maudit soit le roi
Qui n'a hèt la ley	Qui a fait la loi
Countre las ayreterès!	Contre les héritières!

Si les couplets que nous venons de rapporter étaient effectivement le dernier mot des antiques coutumes du Lavedan et de Barège, il faudrait nous borner à répéter, après tant d'autres, qu'en France tout finit par des chansons. Mais il n'en est point tout à fait ainsi. Ces usances, qui, suivant l'expression d'un vieil annotateur [1], tirent leur force des rides du temps et de l'usage, n'abandonnent point tout à coup des populations éloignées des centres et qui ne renouvellent point leur esprit dans un jour. On les voit se perpétuer encore, au travers des obstacles que la loi moderne leur oppose, la tourner, la frauder parfois, et profiter sans cesse des moindres facilités qu'elle offre à revenir à la tradition.

C'est ainsi que dans nos vallées, en présence du Code civil, le droit d'aînesse se maintient comme un fait issu de la volonté des parents. Ils donnent tout ce dont la loi leur permet de disposer au premier-né de leurs enfants, si c'est un fils. Si c'est une fille et qu'on la marie, elle obtient le même avantage. Son nom s'ajoute alors à celui de son époux et se transmet à ses enfants. De pareilles adjonctions se sont glissées jusque dans les registres de l'état civil [2]. L'usage défère encore aux fils des héritières le nom de la maison où ils sont nés : s'ils ont quitté le pays et qu'ils y reviennent, imbus des idées de notre civilisation, ils s'étonnent parfois du silence où l'on relègue la mémoire de leur père et ils cherchent, mais en vain, à dépouiller le nom maternel.

Bien que le Code civil ait changé la loi successorale au profit des cadets, ceux-ci ne revendiquent pas toujours la plénitude de leurs droits. Il en est qui, à l'ouverture de la succession de leurs parents, se contentent d'un faible à-compte et donnent à leur aîné des délais considérables pour s'acquitter envers eux.

---

[1] L'annotateur de l'*Usance de Saintonge, entre mer et Charente.* Voir le coutumier de Bordeaux.

[2] Au rapport de feu M. Couffitte, notaire à Luz.

On peut dire, à la lettre, qu'ils laissent leur part dans la maison natale et se trouvent satisfaits qu'on la leur paye en annuités prolongées, qui en représentent seulement l'intérêt au taux de 4 ou 5 pour 100 [1].

Par cette condescendance et les facilités qui en résultent, les fortunes ne se déchirent point tout d'un coup, et de tels accords, reçus dans les mœurs de Barège [2], y ont empêché ou retardé du moins une ruine de toutes les anciennes maisons, qui s'est généralement accomplie dans le Lavedan.

C'était peu en effet que ce changement de coutumes qui, laissant debout le privilége d'un seul, soit parmi les enfants, soit parmi les collatéraux, donnait simplement le pouvoir de choisir ce privilégié. Quel qu'il fût, appelé par la naissance ou désigné par la faveur, en lui se continuait toute la vieille organisation de la famille. Mais quand une loi [3] de la Révolution vint proclamer d'une manière absolue l'égalité des enfants et défendre de rien donner aux héritiers en ligne directe ; quand, par une autre loi [4], cette égalité des partages s'étendit aux collatéraux, ce fut un coup de foudre pour les anciennes coutumes, qui ne pouvaient subsister que par le droit d'aînesse.

Toute l'économie du pays fut troublée. L'aîné, petit propriétaire, obligé de payer les parts de ses cadets, dut emprunter ou vendre : vendre les prés, nourriture du troupeau, ou le troupeau lui-même, du moins le partager. L'industrie pastorale, qui veut des moyens suffisants et une échelle donnée, fut frappée d'impuissance. Les bras manquèrent, quand les cadets s'en furent. La maison fut déserte, la terre hypothéquée. Un grand besoin d'argent et la rareté du numéraire, dans des temps de confusion, firent naître l'usure, que la République toutefois ne sanctionna jamais [5]. L'usure dévora le bien, et tant de guerres, sous le premier empire, les hommes. Ceux qui refusaient le service appelaient sur leur maison le fléau des garnisaires ;

[1] Témoignage de M. Couffitte.
[2] Même témoignage.
[3] La loi du 7 mars 1793.
[4] La loi du 5 brumaire an II, qui fixa néanmoins une faible quotité disponible.
[5] Si cette sanction peut faire l'objet d'un reproche, M. Troplong, dans une savante préface, en a pleinement lavé la République. Voir son *Traité du prêt à intérêt.*

ceux qui se rachetaient amoindrissaient leurs ressources. Ou le
sang, ou l'argent, l'un et l'autre coulèrent de toutes parts,
épuisant ce malheureux pays.

C'est alors qu'on vit se développer, dans de vastes proportions,
la contrebande avec l'Espagne, dont les lois prohibitives de
l'empire rendaient le bénéfice énorme. Ce commerce interlope
en enrichit plusieurs, sans appauvrir personne. On s'y livrait
en secret, mais aussi sans scrupule ; car les peuples frontières
se croient rarement obligés en conscience à respecter les
lignes que la douane leur oppose, persuadés peut-être que la
liberté du commerce est de droit naturel.

Avec le temps, les hommes ainsi que les choses s'ordonnèrent
tant bien que mal. Chez les nations comme chez les individus,
le premier usage de la liberté, c'est la licence. La Révolution
devait être mal comprise. Si quelques-uns de ses immortels
principes firent d'abord tressaillir ces montagnes, on s'étonna
de l'égalité dans la famille, on eut horreur de la proscription du
culte. D'effroyables excès ne purent être attribués par de simples montagnards aux résistances séculaires de ceux contre
lesquels on les vit dirigés. On n'avait point subi toute l'indignité
du régime féodal, on n'avait point connu le crime, on ne com-
prit point la vengeance. Héritière du pouvoir des seigneurs et
des haines qu'ils s'étaient attirées, la royauté, en tombant, ne
produisit que de la stupeur.....

Aussi, quand des jours plus sereins semblèrent luire pour la
France, quand l'ordre fut rétabli, on se plut à voir relever les
autels, à reprendre les vieilles mœurs, à renouer les traditions.
Le Code civil apparut comme un bienfait, parce que, en augmentant la quotité disponible [1], il agrandissait le pouvoir
d'instituer des héritiers. — Toutefois l'usure continuait de sévir ;
la loi de 1807, fixant un taux pour l'intérêt de l'argent, ne fit
d'abord que la rendre clandestine. Ce fut seulement dans les
dernières années de la Restauration que les sévérités de la
magistrature ralentirent un fléau que le motif religieux n'avait
entravé qu'à peine.

A dater de ce moment, la tourmente s'est calmée : les hommes
se reconnaissent, la société se reforme, l'équilibre perdu se fait

---

[1] Telle qu'elle était réglée par la loi du 4 germinal an VIII, déjà plus
favorable à la faculté de tester que les lois précédentes

sur d'autres bases. Le courant, qui voudrait ramener les traditions, est plus faible qu'une vague qui revient au rivage, mais
que la grande mer emporte, à marée descendante. Nulle restauration n'est possible contre l'esprit du temps. C'en est fait de ces
vieilles sociétés, dont j'ai cherché le nœud dans l'organisation
de la famille : sociétés pastorales, agricoles, vivant de peu, bornées dans leurs désirs comme dans leurs ressources, exigeantes
seulement de vertus et de sacrifices, composées par des chefs
qui devaient être protecteurs, par une parenté qui devait obéir.
La société moderne est autre. Chacun y a son droit et nul ne
s'absorbe en autrui. Les vies ne sont pas jointes entre elles, mais
divergentes pour le plus grand progrès de la civilisation. Rien
n'y arrête l'essor de l'homme.

L'industrie et le commerce émancipent la famille. Elles
substituent l'égalité des enfants à l'injustice du droit d'aînesse,
nécessité peut-être d'une autre époque. Si les propriétés se divi-
sent, si les parcelles deviennent insuffisantes, il est d'autres
métiers que celui de pasteur. Si les troupeaux se partagent,
l'association pourra les réunir. Dans les Hautes-Pyrénées, à
l'élève du bétail, des mulets pour l'Espagne, des chevaux de
race pour la France, se joignent l'exploitation des eaux thermales, l'exploitation des mines et des carrières de marbre. Un
luxe inconnu s'introduit : qu'on l'alimente plutôt que de le combattre. La population peut s'accroître sans crainte, car si le
vieux sol lui manque, elle trouve encore la France, au delà
de la Méditerranée, dans l'Algérie.

C'est un signe frappant des jours nouveaux, que le montagnard
puisse quitter sans trop de peine la vallée de sa naissance. Il en
voit la stérilité relative, son vieil attachement diminue ; il songe
moins au passé de ses aïeux et plus à l'avenir de ses enfants ;
une inquiétude vague ou d'immenses espérances le chassent de
son berceau, il *émigre*, mot effroyable jadis, ordinaire à présent.
L'année 1858 a vu partir ainsi cinq cent soixante-sept natifs
du département des Hautes-Pyrénées : cent quatre-vingts pour
l'Algérie, trois cent quatre-vingt-sept pour l'étranger, tandis
que les Basses-Pyrénées ont fourni un total de onze cent trois
émigrants [1], presque tous se rendant à l'étranger, probablement

---

[1] Ces chiffres sont officiels.

dans l'Amérique du Sud. Ce n'est pas d'aujourd'hui que les Basques de France s'établissent outre mer. Leur désertion en masse a souvent inquiété nos administrations. Ces navigateurs intrépides, ces promoteurs des grandes pêches du Nord portent à présent aux rives de la Plata leur nationalité qui se meurt en Europe.

Car il est dit que tout doit se renouveler aux Pyrénées, hommes et choses. Les plus vaillants, les plus hardis ou les plus misérables s'en vont. Ceux qui demeurent se transforment rapidement. A part les traces d'un vieux droit de famille profondément incrusté dans les mœurs, ils n'ont bientôt plus rien de l'esprit de leurs aïeux. Comme il arrive dans toutes les transitions, on perd beaucoup sans acquérir encore. Les vertus du passé, cet attachement au droit, cette conscience du devoir, ces retenues locales, ce respect de soi-même, s'en sont allés, sans que rien les remplace. L'esprit public est mort. Des masses ignorantes et pusillanimes, une bourgeoisie indifférente et dénuée de principes ; la commune languissante, l'individu troublé, anéanti et suppliant au pied de ce pouvoir central, démesuré pour lui, qu'on vit grandir soudain, dans le siècle dernier, armé de ces deux forces incomparables, la police et le budget ; toute initiative perdue, si ce n'est celle des appétits égoïstes et cupides ; le devoir accompli par contrainte, le droit méconnu, imploré comme une faveur, la société chancelante et doutant d'elle-même, se réfugiant sans cesse, cherchant à s'absorber dans le sein de l'Etat : si ces traits, qui conviennent peut-être à certaines peuplades de nos grandes Pyrénées, rappelaient aussi les mœurs de quelques autres provinces, plein de foi dans un meilleur avenir, j'aurais du moins fini ma tâche dans le passé ; j'aurais conduit les fils de ces montagnes, de leur étroit mais glorieux berceau, dans le vaste sein de la France.

TYPOGRAPHIE HENNUYER, RUE DU BOULEVARD, 7. BATIGNOLLES.
Boulevard extérieur de Paris.

TYPOGRAPHIE HENNUYER, RUE DU BOULEVARD, 7. BATIGNOLLES.
Boulevard extérieur de Paris.

www.ingramcontent.com/pod-product-compliance
Lightning Source LLC
Chambersburg PA
CBHW072314210326
41519CB00057B/5075